45 SECRETOS DE LOS QUE VIVEN UNA VIDA RICA (ECONÓMICAMENTE) Y FELIZ (SOCIALMENTE)

Sylvain MILON

RESUMEN

No se consigue el éxito o la riqueza vendiendo tu tiempo a otras personas Si eres un empleado, vendes tu tiempo por dinero

Una persona media pasa unas 90.000 horas en el trabajo a lo largo de su vida. Si eres empleado, lo más probable es que estés vendiendo tu tiempo a cambio de dinero. Estás cambiando tu tiempo -que es limitado- por un salario. Y aunque no hay nada malo en ello, no es la forma más eficiente de crear riqueza.

Piénsalo así: si quieres ganar 100.000 euros al año y trabajas 2.000 horas al año, eso significa que en realidad ganas 50 euros a la hora. Pero, ¿y si hubiera una forma de ganar la misma cantidad de dinero sin tener que vender tu tiempo? ¿Y si pudiera ganar 100.000 euros en sólo 1.000 horas, o incluso 500 horas? Eso significaría que en realidad estabas ganando 200 o 400 euros por hora.

Si eres autónomo, también vendes tu tiempo a cambio de dinero

Si eres autónomo, probablemente sigas vendiendo tu tiempo a cambio de dinero. Por supuesto, como autónomo tienes más control sobre cómo utilizas tu tiempo. Pero al fin y al cabo, sigues cambiando horas por euros.

El objetivo debe ser encontrar formas de ganar dinero sin cambiar tu tiempo por dinero. Esto puede incluir la inversión en bienes inmuebles o acciones, la puesta en marcha de un negocio que pueda funcionar sin tu participación constante, o la creación de flujos de ingresos pasivos escribiendo libros o creando cursos en línea.

No puedes sobrevender tu tiempo porque sólo tienes 24 horas al día, lo que limita tus posibles ingresos

Una de las mayores limitaciones de vender tu tiempo a cambio de dinero es que el día sólo tiene 24 horas. Esto significa que, por mucho dinero que quieras ganar, hay un límite a lo que puedes ganar vendiendo tu tiempo.

Para aumentar tu potencial de ingresos, es importante encontrar formas de ganar dinero que no impliquen vender directamente tu tiempo. De este modo, puedes ganar potencialmente mucho más de lo que sería posible simplemente cambiando horas por euros.

NOS ENRIQUECEMOS UTILIZANDO EL TIEMPO DE LOS DEMÁS

La única manera de tener más tiempo para uno mismo es utilizar el tiempo de los demás

Para alcanzar el éxito o la riqueza, es necesario conseguir que los demás te vendan su tiempo. Esto le permite disponer de una fuente infinita de tiempo, esencial para alcanzar la riqueza. El tiempo de otras personas puede utilizarse de diversas formas, como contratando empleados, subcontratando trabajo o invirtiendo en un negocio.

Tienes que conseguir que otros te vendan su tiempo para que puedas alcanzar el éxito o la riqueza más rápidamente.

Si quieres hacerte rico rápidamente, es esencial que consigas que otros te vendan su tiempo. Esto puede hacerse contratando empleados, subcontratando trabajo o invirtiendo en una empresa. De este modo, dispondrá de más tiempo para centrarse en ganar dinero y alcanzar sus objetivos financieros.

Utilizar el tiempo de otras personas proporciona una fuente infinita de tiempo.

Si utilizas el tiempo de los demás con prudencia, podrás crear una fuente inagotable de tiempo para ti. Esto es útil porque significa que puedes seguir trabajando para alcanzar tus objetivos sin tener que preocuparte por que se te acabe el tiempo. Además, le permite una mayor flexibilidad en el uso de su propio tiempo, ya que no está limitado por el número de horas al día.

LA GESTIÓN DEL TIEMPO DETERMINA SU ÉXITO FUTURO

La forma en que gestionas tu tiempo utilizándolo para alcanzar tus objetivos determina tu éxito.

La forma en que gestiones tu tiempo repercutirá directamente en tu éxito futuro. Si utilizas tu tiempo sabiamente, podrás alcanzar cualquier meta que te propongas. Sin embargo, si no gestiona bien su tiempo, probablemente tendrá dificultades para alcanzar sus objetivos. La gestión del tiempo es, por tanto, una habilidad esencial que todo el mundo debería aprender para tener éxito.

Hay muchas formas de gestionar el tiempo. Algunas personas prefieren utilizar una agenda o un calendario, mientras que otras prefieren hacer un seguimiento electrónico de sus tareas. Sea cual sea el método que elijas, lo importante es encontrar un sistema que te funcione y ceñirte a él.

Además de utilizar un sistema para hacer un seguimiento de las tareas, también es importante establecer prioridades. Decide qué es lo más importante y céntrate primero en esas tareas. También puedes considerar la posibilidad de dividir las tareas grandes en partes más pequeñas y manejables. Si adopta este enfoque, se asegurará de avanzar hacia sus objetivos incluso cuando no disponga de mucho tiempo.

Por último, recuerda que una buena gestión del tiempo requiere práctica y esfuerzo. No te desanimes si no ves resultados inmediatamente, sigue trabajando y con el tiempo verás el resultado en términos de éxito en todas las áreas de tu vida.

SYLVAIN MILON

inmediatamente, sigue trabajando y con el tiempo verás el resultado en términos de éxito en todas las áreas de tu vida.

¿QUÉ ES EL EFECTO MARIPOSA?

Gestionar tu tiempo y tu vida tiene un efecto mariposa.

El efecto mariposa es la idea de que las cosas pequeñas pueden tener repercusiones no lineales en sistemas complejos. En otras palabras, un pequeño cambio puede tener grandes consecuencias en todos los ámbitos. Este efecto mariposa puede observarse en muchos ámbitos de nuestras vidas, incluidas nuestras relaciones personales, nuestras carreras profesionales e incluso nuestra salud física.

Por ejemplo, digamos que está intentando gestionar mejor su tiempo para poder hacer más cosas cada día. Puedes empezar por levantarte más temprano y utilizar una agenda diaria para programar tus tareas del día. Aunque estos cambios puedan parecer pequeños, pueden tener un gran impacto en tus niveles de productividad y, a la larga, conducirte a un mayor éxito en tu carrera profesional.

Por otro lado, si no tienes cuidado, el efecto mariposa también puede jugar en tu contra. Por ejemplo, si tomas regularmente malas decisiones sobre cómo emplear tu tiempo (por ejemplo, ver demasiada televisión, dormir hasta tarde, etc.), esto puede tener consecuencias negativas en la carretera, como una menor productividad, mala salud y problemas de relación.

Por lo tanto, es importante ser consciente del efecto mariposa y de cómo puede afectar a tu vida. Haciendo ahora pequeños cambios en su rutina diaria, puede prepararse para un futuro más próspero.

¿QUÉ ES EL EFECTO BOLA DE NIEVE?

La forma en que actúes ahora, la forma en que utilices tu tiempo te permitirá acumular éxitos que te llevarán al éxito.

El efecto bola de nieve es un término que se refiere a la idea de que pequeñas acciones pueden conducir a grandes resultados. Suele utilizarse en referencia a acciones positivas, como ahorrar dinero o dejar de fumar. Sin embargo, también puede aplicarse a comportamientos negativos, como procrastinar o comer en exceso.

El concepto se basa en la idea del interés compuesto, es decir, cuando se ganan intereses sobre la inversión inicial más los intereses acumulados. En el efecto bola de nieve, cada pequeña acción se acumula sobre sí misma y, con el tiempo, produce resultados cada vez mayores.

Por ejemplo, supongamos que quiere ahorrar para comprarse un coche nuevo. Empieza ahorrando 50 euros de cada nómina. Al cabo de un año, habrás ahorrado 1.300 euros. ¡No está mal! Pero entonces te suben el sueldo y decides aumentar tu tasa de ahorro a 75 $ por nómina. Ahora, después de un año, has ahorrado 2.025 euros. Y si lo mantienes durante cinco años, ¡ahorrarás más de 10.000 euros!

Pongamos otro ejemplo: usted quiere dejar de fumar cigarrillos. Sabes que será difícil, pero estás decidido a hacerlo. Empieza reduciendo de un paquete al día a un cigarrillo cada dos días. Al principio es difícil, pero al cabo de una o dos semanas empieza a resultar más fácil. Luego vuelve a reducir, esta vez de un cigarrillo cada dos días a fumar sólo los fines de semana. Finalmente, tras unos meses de lenta reducción, se reduce a medio cigarrillo al día… ¡y después a ninguno!

El efecto bola de nieve consiste en dar pequeños pasos que, con el tiempo, conducen a grandes resultados. Es una herramienta increíblemente poderosa que puede ayudarle a alcanzar sus objetivos, ya sean profesionales o personales.

No es de extrañar que perdamos tanto tiempo en actividades que no importan. Vivimos en un mundo de distracciones constantes y es fácil dejarse atrapar por ellas. Pero si quieres triunfar en la vida, es importante que aprendas a dejar de perder el tiempo en actividades que no importan.

Siguiendo estos consejos, podrá concentrar su tiempo y energía en actividades más productivas.

DEBES ELIMINAR LAS ACTIVIDADES QUE TE HACEN PERDER EL TIEMPO

Suprima o limite el tiempo que pasa viendo la televisión, hablando con amigos o desconocidos, dedicando tiempo a actividades que no le aportan ningún beneficio o dedicando tiempo a chatear por el teléfono móvil.

Tienes que ser más consciente de cómo pasas tu tiempo libre. Si se pasa horas delante del televisor o charlando con los amigos sin hacer nada productivo, es hora de reducir la actividad. En su lugar, intenta centrarte en actividades que mejoren tu vida de alguna manera.

También deberías reducir el tiempo que pasas mirando información frívola en las redes sociales o en vídeos o chistes enviados por correo electrónico

Las redes sociales pueden ser una enorme pérdida de tiempo si no se tiene cuidado. Si te pasas horas navegando sin pensar, es hora de que reduzcas tu consumo. En lugar de eso, intenta utilizar las redes sociales de una forma más positiva, por ejemplo para conectar con amigos y familiares o para encontrar nuevas aficiones e intereses.

¿CÓMO DEJAR DE PERDER EL TIEMPO Y SER MÁS PRODUCTIVO?

Si usted es como la mayoría de la gente, probablemente hay muchas cosas que le quitan tiempo a diario. Ya se trate de las redes sociales, de tareas no esenciales o incluso de compañeros y familiares, puede resultar difícil mantenerse concentrado y productivo.

Pero no tiene por qué ser así. Con unos sencillos cambios, puede dejar de perder el tiempo y empezar a ser más productivo. He aquí cómo:

1. Haz una lista de las cosas que te hacen perder el tiempo.
2. Establece normas para evitar estas distracciones.
3. Concéntrate en tus objetivos.

Siguiendo estos pasos, estarás en camino de ser más productivo y alcanzar tus objetivos.

HAZ UNA LISTA DE LAS COSAS QUE TE HACEN PERDER EL TIEMPO

Nos distraen las redes sociales.

Todos sabemos lo fácil que es perderse en el mundo de las redes sociales. Empezamos por mirar Facebook para ver cómo están nuestros amigos, y antes de que nos demos cuenta ya ha pasado una hora. O vemos un tuit gracioso y en poco tiempo hemos perdido media hora desplazándonos por nuestro feed de Twitter. Peor aún, podemos estar trabajando en un proyecto importante cuando de repente recordamos que nos olvidamos de comprobar Instagram, así que saltamos rápidamente para ver qué hay de nuevo. Y el ciclo vuelve a empezar.

Si con frecuencia pierdes el tiempo en las redes sociales, es importante que des un paso atrás y evalúes la situación. En primer lugar, pregúntese cuánto tiempo dedica realmente a estas plataformas cada día. Si pasas más de una o dos horas juntas, probablemente sea demasiado.

En segundo lugar, piense por qué utiliza las redes sociales. ¿Es para mantener el contacto con amigos y familiares? ¿Para estar al día de las noticias y la actualidad? ¿O sólo para matar el tiempo? Si tu respuesta es la segunda, es hora de reducir el uso de las redes sociales.

Hay varias formas de hacerlo. Una opción es eliminar aplicaciones del teléfono o la tableta para no caer en la tentación de utilizarlas tan a menudo. Otra es establecer límites estrictos, como permitirse consultar las redes sociales una vez al día o no utilizarlas durante las horas de trabajo. Sea cual sea el método que elijas, asegúrate de cumplirlo para disponer de más tiempo para actividades productivas.

Nos distraemos con tareas no esenciales.

Además de las distracciones de las redes sociales, también hay una serie de tareas no esenciales que pueden devorar nuestro tiempo sin que nos demos cuenta. Por ejemplo, ¿revisa con frecuencia su correo electrónico aunque no haya nada nuevo? ¿Pasa demasiado tiempo navegando por Internet cuando debería estar trabajando? ¿Las tareas domésticas le ocupan más tiempo del que deberían?

Para combatir este tipo de distracciones, de nuevo es importante identificar primero el tiempo que ocupan en tu vida diaria. Cuando lo tengas más claro, ponte normas, como consultar el correo electrónico sólo dos veces al día o programar un temporizador de 30 minutos cuando navegues por Internet para no dejarte llevar. Además, intenta agrupar tareas similares para poder hacerlas más rápido; por ejemplo, revisar todos tus correos electrónicos a la vez en lugar de a lo largo del día o hacer toda la colada en un solo día en lugar de a lo largo de varios días. Si sigues estos pasos, pronto descubrirás que tienes más tiempo libre que nunca.

¿Y si te dijera que hay una forma de aprovechar al máximo tus 24 horas? No se trata de trabajar más duro o más rápido, sino de trabajar de forma más inteligente.

Si quiere aumentar su productividad en el trabajo, hacer más cosas en casa o simplemente liberar algo de tiempo, siga leyendo para conocer algunos consejos útiles.

EL TIEMPO QUE PIERDES NUNCA SE RECUPERA

El tiempo es su recurso más preciado.
Puedes tener nuevos amigos, más dinero, pero no más tiempo. Por eso el tiempo es su recurso más preciado. Y es importante utilizar el tiempo sabiamente.

¿Cuántas horas al día pierdes? ¿Cuántos minutos? ¿Cuántos segundos? Si eres como la mayoría de la gente, probablemente pierdes más tiempo del que crees.

Es fácil perder el tiempo. Puedes perder el tiempo viendo la tele, navegando por Internet, durmiendo o incluso sentado sin hacer nada. Pero todo ese tiempo perdido se acumula y puede ser difícil recuperarlo.

Por eso es importante aprovechar al máximo las 24 horas. Aquí tienes algunos consejos que te ayudarán a conseguirlo:

1) Establece un horario y cúmplelo: Una de las mejores formas de sacar el máximo partido a tus 24 horas es establecer un horario y cumplirlo. Tener un horario fijo te ayudará a mantenerte en el buen camino y a aprovechar mejor tu tiempo. Por supuesto, habrá momentos en los que necesites desviarte de tu horario, pero intenta ceñirte a él lo máximo posible.

2) Priorice sus tareas: no todas las tareas son iguales. Algunas tareas son más importantes que otras y hay que darles prioridad. Por ejemplo, si necesitas terminar un proyecto para el trabajo, eso debe tener prioridad sobre navegar por las redes sociales o ver la televisión.

3) Elimine las distracciones: Otra forma de aprovechar mejor el tiempo es eliminar las distracciones. Si hay cosas que tienden a distraerte de lo que se supone que estás haciendo, intenta eliminarlas de tu entorno o busca formas de evitarlas por completo.

4) Tómate descansos: ¡Los descansos son importantes! Te dan la oportunidad de descansar y reponer fuerzas para que puedas ser productivo en la siguiente tarea de tu lista. No dejes que tu descanso se convierta en otra forma de procrastinación (como navegar por Internet o ver la televisión).

¿CÓMO DECIR QUE NO SIN SENTIRSE CULPABLE?

A todos nos cuesta decir que no. Ya sea porque no queremos decepcionar a los demás o porque nos asustan los conflictos, puede resultar difícil decir que no a la gente. Pero aprender a decir no es importante. Demuestra que respetamos nuestras propias necesidades y límites, y que valoramos nuestro tiempo y energía.

He aquí algunos consejos para decir que no sin sentirse culpable:

1. Aprende a quererte y respetarte.
2. Comuníquese con claridad y confianza.
3. Muestra compasión por ti mismo y por los demás.

Las razones por las que nos cuesta decir que no.

Nuestra necesidad de ser amados y apreciados.

Vivimos en una sociedad que nos dice que tenemos que gustar y ser apreciados por los demás para ser felices. Desde pequeños nos enseñan que debemos complacer a los demás y hacerles felices. Esto puede hacer que nos resulte muy difícil decir que no cuando alguien nos pide que hagamos algo, aunque realmente no queramos o no tengamos tiempo.

El hecho de querer agradar a los demás.

Otra razón por la que nos cuesta decir que no es que queremos complacer a los demás. No queremos decepcionarles ni defraudarles. También podemos temer no gustarles si decimos que no.

El hecho de que no queremos hacer daño a los demás.

Decir que no a veces puede herir los sentimientos de otras personas, sobre todo si contaban con nosotros para algo. Podemos sentirnos culpables o incómodos diciendo que no, incluso si es algo que realmente no queremos hacer.

Miedo al conflicto.

Muchos de nosotros evitamos los conflictos a toda costa, y decir que no a veces puede provocar conflictos con los demás. Puede que nos preocupe lo que dirán o harán si decimos que no, y por eso lo evitamos por completo.

Entender por qué tenemos que decir que no.

Porque debemos respetar nuestras propias necesidades y límites.

Todos tenemos una cantidad limitada de tiempo, energía y recursos. Si intentamos hacer todo lo que los demás nos piden, rápidamente nos sentiremos abrumados y agotados. Es importante aprender a decir no para proteger nuestro propio bienestar.

Porque tenemos que proteger nuestro tiempo y nuestra energía.

Decir que sí a todo nos agota no sólo físicamente, sino también mental y emocionalmente. Debemos aprender a decir no para mantener nuestra salud mental y emocional. Cuando nos comprometemos en exceso, acabamos estresados y resentidos.

Porque no podemos serlo todo para todos.

Es imposible complacer a todo el mundo todo el tiempo. Intentarlo es una receta para la decepción y la frustración. Debemos aprender a decir que no para fijar expectativas realistas para nosotros mismos y para los demás.

¿Cómo aprender a decir no sin sentirse culpable?

Aprendiendo a querernos y respetarnos.

Una de las principales razones por las que nos cuesta decir que no es que no nos queramos o no nos respetemos lo suficiente. Sentimos que no merecemos decir que no, o que no merecemos anteponer nuestras propias necesidades. Puede ser una mentalidad difícil de cambiar, pero es esencial si quieres aprender a decir que no sin sentirte culpable.

Una forma de empezar a cambiar esta mentalidad es practicar la autocompasión. Cuando cometas un error o te encuentres en una situación difícil, sé amable contigo mismo en lugar de culparte. Perdónate y sigue adelante. Esto te ayudará a verte a ti mismo de una forma más positiva y a empezar a tomar decisiones basadas en lo que es mejor para ti, en lugar de en lo que crees que los demás esperan de ti.

Aprender a comunicarse con claridad y confianza.

Otra razón por la que nos cuesta decir no es que tenemos miedo al conflicto. Tememos que si decimos que no, la otra persona se enfade o se moleste con nosotros. Sin embargo, no suele ser así. Si aprendes a comunicarte con claridad y confianza, podrás expresar tus necesidades sin ofender a la otra persona.

Empieza por tener claro lo que quieres y lo que no quieres. Por ejemplo, en lugar de decir "no puedo ir a tu fiesta", prueba con "preferiría no ir a tu fiesta". A continuación, explique sus razones con calma y seguridad. Puede que la otra persona no siempre esté de acuerdo con tu decisión, pero respetará tu derecho a tomarla.

Mostrar compasión hacia nosotros mismos y hacia los demás.

Por último, es importante recordar que no podemos serlo todo para todos. Todos tenemos nuestros propios límites, y eso es normal. También está bien decir que no si no tenemos tiempo o energía para hacer algo. Lo malo es intentar hacer demasiado y acabar sintiéndose abrumado y resentido.

Si te encuentras en esta situación, es importante que muestres compasión por ti mismo y por los demás. Reconoce que no puedes hacer mucho y que a veces es normal anteponer tus propias necesidades. Cuando empieces a tomar decisiones desde el amor propio y la compasión, te resultará más fácil decir que no sin sentirte culpable.

¿CÓMO LLEVAR UN ESTILO DE VIDA SALUDABLE Y SER EFICAZ?

Todos sabemos que es importante llevar una vida sana, pero a veces puede resultar difícil mantener unos hábitos saludables. En esta entrada del blog, exploraremos por qué es tan importante llevar un estilo de vida saludable y ofreceremos algunos consejos sobre cómo puede hacer pequeños cambios en su rutina diaria que tendrán un gran impacto en su salud en general.

La importancia de un estilo de vida saludable.

Lo que esto significa.

Un estilo de vida saludable es importante por muchas razones. Puede ayudarle a mantener una buena calidad de vida, evitar enfermedades y aumentar su esperanza de vida. Un estilo de vida sano implica tomar determinadas decisiones en la vida diaria, como seguir una dieta equilibrada, hacer ejercicio con regularidad y dormir lo suficiente.

Son muchos los factores que contribuyen a un estilo de vida saludable. Seguir una dieta equilibrada es una de las cosas más importantes que puede hacer por su salud. Comer frutas, verduras, cereales integrales y proteínas magras ayuda al organismo a funcionar de forma óptima y reduce el riesgo de desarrollar enfermedades crónicas.

El ejercicio es otra parte importante de un estilo de vida saludable. Se ha demostrado que la actividad física regular mejora la salud mental, reduce los niveles de estrés y aumenta los niveles de energía. Dormir lo suficiente también es crucial para mantener un estilo de vida saludable. La mayoría de los adultos necesitan entre 7 y 8 horas de sueño por noche para sentirse descansados y frescos. Por último, cuidar tu cuerpo y tu mente controlando tus niveles de estrés y cuidándote a ti mismo puede ayudarte a llevar una vida más sana en general.

Hacer pequeños cambios en su rutina diaria puede tener un gran impacto en su salud y bienestar general. Intente incorporar algunos de estos consejos a su propia vida para mejorar su salud:

- Toma un desayuno nutritivo cada mañana para empezar el día
- Dedicar al menos 30 minutos diarios a la actividad física
- Evitar en la medida de lo posible las bebidas azucaradas y los alimentos procesados
- Dormir de 7 a 8 horas cada noche
- Haz pausas a lo largo del día para relajarte y desestresarte
- Practicar ejercicios de respiración profunda o meditación para reducir el estrés
- Conecte con sus seres queridos y establezca relaciones positivas
- Dedica tiempo a aficiones y actividades que te hagan feliz

Adoptar un estilo de vida saludable puede mejorar su calidad de vida y ayudarle a vivir más tiempo. Empiece hoy mismo a introducir pequeños cambios en su rutina diaria para cosechar los numerosos beneficios de un estilo de vida saludable.

Los beneficios de un estilo de vida saludable.
Mejora de la calidad de vida.

Un estilo de vida saludable tiene innumerables beneficios, entre ellos una mejor calidad de vida. La actividad física y una dieta sana pueden ayudar a reducir el riesgo de padecer varias enfermedades crónicas, como cardiopatías, accidentes cerebrovasculares, diabetes de tipo 2, cáncer y osteoporosis. La actividad física regular también puede aliviar los síntomas de ansiedad y depresión, mejorar la calidad del sueño y aumentar los niveles de energía. Además, una dieta sana puede ayudarle a mantener un peso saludable, reducir el riesgo de desarrollar ciertas enfermedades crónicas y proporcionar a su organismo los nutrientes que necesita para funcionar correctamente.

Consejos para mejorar su estilo de vida.

Dieta sana y equilibrada.

Una dieta sana es esencial para una vida saludable. Comer alimentos nutritivos ayuda al organismo a funcionar de forma óptima y puede ayudar a prevenir enfermedades como las cardiopatías, los accidentes cerebrovasculares y la diabetes. Para mantener una dieta sana, come fruta variada, verdura, cereales integrales, proteínas magras y productos lácteos bajos en grasa. Limite el consumo de grasas saturadas, grasas trans, colesterol, sal (sodio) y azúcar añadido.

Ejercicio físico regular.

La actividad física regular es importante para mantener un estilo de vida saludable. Puede ayudar a controlar el peso, reducir el riesgo de enfermedades crónicas como las cardiopatías y los accidentes cerebrovasculares y mejorar la salud mental. Intente realizar al menos 30 minutos de actividad aeróbica de intensidad moderada la mayoría de los días de la semana. Si está empezando, puede empezar con 10 minutos de actividad física e ir aumentando gradualmente hasta 30 minutos o más.

Duerma lo suficiente.

Dormir lo suficiente es importante para la salud y el bienestar general. La mayoría de los adultos necesitan dormir entre 7 y 8 horas por noche. La falta de sueño puede provocar fatiga, disminución de la productividad, cambios de humor y un mayor riesgo de accidentes o lesiones. Para dormir lo suficiente: establezca un horario de sueño regular; cree una rutina relajante a la hora de acostarse; mantenga un ambiente fresco y confortable en el dormitorio; limite la cafeína antes de acostarse; evite trabajar o utilizar aparatos electrónicos en la cama; y haga ejercicio regularmente durante el día.

Cuida tu cuerpo y tu mente.

Para mantener un estilo de vida sano, es importante cuidar el cuerpo y la mente. Esto incluye una dieta sana, actividad física regular y suficientes horas de sueño. Además, gestione el estrés de forma positiva, por ejemplo mediante técnicas o ejercicios de relajación. Además, asegúrate de visitar regularmente a tu médico para revisiones y chequeos.

¿CÓMO PODEMOS EVITAR PERDER TIEMPO Y OPORTUNIDADES?

¿Cuánto tiempo cree que pierde al día ¿Cuántas oportunidades cree que está perdiendo? Si usted es como la mayoría de la gente, la respuesta a estas dos preguntas es probablemente "mucho". Pero no tiene por qué ser así. Le mostraremos cómo evitar perder tiempo y oportunidades.

Siguiendo estos consejos puede estar seguro de utilizar su tiempo sabiamente y no perder ninguna oportunidad interesante. Así que empecemos.

¿Qué se puede hacer para no perder el tiempo?

Identificar las principales causas de la pérdida de tiempo.

Las principales causas de la pérdida de tiempo son la procrastinación, la mala gestión del tiempo y las distracciones.

Aplicar estrategias para evitar las causas de la pérdida de tiempo.

Para evitar perder el tiempo, puede utilizar varias técnicas de gestión del tiempo, como fijar plazos, dividir las tareas en objetivos más pequeños y utilizar una agenda diaria. También puedes intentar eliminar las distracciones apagando el teléfono, trabajando en un entorno tranquilo y reservando momentos específicos para los descansos.

¿Qué se puede hacer para no perder oportunidades?

Identificar las principales causas de la pérdida de oportunidades.

Muchas oportunidades se pierden porque la gente no sabe que existen. Para evitarlo, asegúrese de estar informado y al día de lo que ocurre en su campo o en los sectores que le interesan. Puede hacerlo leyendo publicaciones especializadas, asistiendo a conferencias relevantes o simplemente siguiendo a figuras clave en las redes sociales.

Otra causa común de pérdida de oportunidades es simplemente no estar preparado cuando surgen. Si quieres estar preparado para cualquier oportunidad que se te presente, asegúrate de que tienes una buena presentación y una cartera preparada para cualquier momento. Por último, ¡no olvide establecer contactos! Sal y conoce a gente de tu sector; nunca se sabe cuándo puede surgir una oportunidad de quien menos te lo esperas.

Aplicar estrategias para evitar las causas de las oportunidades perdidas.

Ahora que hemos identificado algunas de las principales causas de las oportunidades perdidas, hablemos de cómo evitarlas. En primer lugar, como ya hemos dicho, manténgase informado y al día de lo que ocurre en su campo. Esto le ayudará a no perder ninguna oportunidad que se le presente. En segundo lugar, organízate y asegúrate de estar siempre preparado con una presentación y una cartera sólidas; nunca se sabe cuándo se presentará una oportunidad, así que es mejor estar preparado para todo. Por último, ¡no olvides establecer contactos! Sal ahí fuera y empieza a conocer gente; nunca sabrás de dónde puede surgir tu próxima gran oportunidad.

CÓMO SACAR EL MÁXIMO PARTIDO A SU RUTINA MATUTINA

Las horas de la mañana suelen citarse como la parte más importante del día. Una rutina bien establecida puede ayudarte a sacar el máximo partido a tus mañanas y prepararte para un día lleno de éxitos.

Empezar el día con buen pie puede marcar la diferencia entre una jornada productiva y fructífera y otra caótica y estresante. Pero con tantas demandas de nuestro tiempo, puede ser difícil saber cómo aprovechar al máximo nuestras mañanas.

Si quieres establecer una rutina matutina que te funcione, no busques más. Exploraremos por qué es importante una rutina matutina, cómo establecer una rutina matutina eficaz y consejos para sacar el máximo partido a su rutina matutina.

Por qué es importante una rutina matutina.

Lo que dicen los expertos sobre las rutinas matutinas.

Muchos expertos creen que empezar el día con una rutina matutina puede beneficiar tanto a la salud física y mental como a la productividad. Un estudio publicado en Harvard Business Review descubrió que los empleados que empezaban el día con una rutina establecida tenían más probabilidades de declarar niveles más altos de satisfacción laboral y de sentir que controlaban mejor su jornada laboral. Además, otro estudio demostró que las personas que tienen una rutina matutina son menos propensas a sufrir ansiedad y depresión.

Los beneficios de una rutina matutina para su salud y bienestar.

Tener una rutina matutina tiene muchas ventajas, sobre todo para la salud. Empezar el día con un desayuno saludable puede ayudarle a mantener sus niveles de energía a lo largo del día, y hacer ejercicio puede contribuir a mejorar su forma física general. Además, tomarse tiempo para relajarse y desconectar puede ayudar a reducir los niveles de estrés y mejorar el estado de ánimo.

Los beneficios de una rutina matutina para tu carrera y tu productividad.

Además de los beneficios que puede tener para tu salud física y mental, una rutina matutina también puede ser beneficiosa para tu carrera profesional. Si empiezas el día con un objetivo concreto en mente, es más probable que seas productivo y tengas éxito. Además, si dedicas tiempo a establecer contactos o a la formación continua, puedes adquirir nuevas habilidades que te ayudarán a avanzar en tu carrera.

¿Cómo establecer una rutina matutina eficaz?

Fíjate objetivos para tu rutina matutina.

El primer paso para crear una rutina matutina eficaz es definir tus objetivos. ¿Qué quieres conseguir con tu rutina matutina? ¿Quieres sentirte con más energía y motivación? ¿Quiere mejorar su productividad? ¿Quiere mejorar su salud y bienestar? Una vez identificados sus objetivos, puede empezar a crear una rutina que le ayude a alcanzarlos.

Haga de su rutina matutina una prioridad.

Para que tu rutina matutina sea eficaz, debes convertirla en una prioridad. Esto significa reservar cada día un tiempo específico para tu rutina matutina y asegurarte de que nada más se interponga en tu camino. Esto puede significar levantarse antes de lo habitual o reservar tiempo antes de acostarse para prepararse para el día siguiente. En cualquier caso, asegúrate de que tu rutina matutina recibe el tiempo y la atención que merece.

Averigua lo que te funciona y adapta tu rutina en consecuencia.

No existe una solución única para todas las rutinas matutinas. Lo que funciona para una persona puede no funcionar para otra. La clave está en averiguar qué es lo que te funciona, y luego ajustarlo según sea necesario. Tal vez le resulte demasiado difícil madrugar al principio, así que empiece reservando 30 minutos antes de acostarse para relajarse del día y prepararse para el siguiente. O puede que la meditación te ayude a sentirte más relajado y concentrado, así que la añades a tu rutina. Lo importante es experimentar hasta encontrar una rutina que te funcione, y luego estar preparado para adaptarte si es necesario.

Consejos para sacar el máximo partido a su rutina matutina.

Cree un entorno propicio para la concentración y la relajación.

El primer paso para sacar el máximo partido a tu rutina matutina es crear un entorno propicio para la concentración y la relajación. Esto significa eliminar cualquier distracción que pueda impedirle concentrarse plenamente en la tarea que tiene entre manos. Para algunas personas, esto puede significar crear un espacio de trabajo exclusivo en su casa, donde puedan cerrar la puerta y bloquear cualquier ruido exterior. Otros prefieren trabajar en una cafetería tranquila o en una biblioteca. Elijas donde elijas trabajar, asegúrate de que sea un lugar en el que te sientas cómodo y puedas concentrarte.

Incluye actividades que te ayuden a sentirte con energía y motivación.

Para sacar el máximo partido a su rutina matutina, es importante incorporar actividades que le ayuden a sentirse con energía y motivado. Esto puede significar empezar el día haciendo ejercicio, tomar un desayuno saludable o pasar tiempo en la naturaleza. Cualquier cosa que te ayude a sentirte bien, asegúrate de incluirla en tu rutina matutina para empezar bien el día.

Tómese su tiempo para saborear y disfrutar de su rutina matutina.

Una de las mejores formas de sacar el máximo partido a la rutina matutina es tomarse el tiempo necesario para saborearla y disfrutarla. Esto significa no apresurarse en las tareas, sino tomarse el tiempo necesario para descubrir realmente todo lo que ofrece la mañana. Baja el ritmo, respira hondo y aprecia todo lo que haces por ti dedicándote este tiempo cada día. Cuando lo haga, descubrirá que sus mañanas son mucho más agradables y productivas.

¿CÓMO PREPARAR Y PLANIFICAR SU FUTURO?

¿Y está cansado de sentir que cada día es una carrera contrarreloj? Si aún le cuesta hacer las cosas, es hora de empezar a prepararse y planificar el día de mañana. Con un pequeño esfuerzo hoy, puedes prepararte para un futuro más productivo.

Aquí tienes tres consejos que te ayudarán a prepararte y planificar el día de mañana:

1. Prepárate para el día.
2. Organice su espacio de trabajo.
3. Planifica tu día.

Dedicar tiempo a prepararse y planificar con antelación puede hacer que el día de mañana sea más fructífero y menos estresante.

Veamos más detenidamente cada uno de estos consejos:

Prepárate para el día.

Decide lo que quieres conseguir.

El primer paso para preparar tu futuro es decidir qué te gustaría conseguir. Esto puede hacerse fijando objetivos para el día. Pregúntese qué necesita o desea conseguir y fíjese un objetivo en función de ello. Por ejemplo, si tienes que terminar un proyecto, tu objetivo puede ser terminarlo antes de que acabe el día. Si quieres estar sano, tu objetivo puede ser salir a correr o cocinar una comida saludable. En cualquier caso, asegúrese de que su objetivo es específico y alcanzable.

Prepare su lista de tareas.

Una vez decididos los objetivos del día, es hora de preparar la lista de tareas. Esta lista debe incluir todas las tareas que debe realizar para alcanzar sus objetivos. Para cada tarea, asegúrate de incluir un tiempo estimado de realización. Esto te ayudará más adelante a planificar tu día.

Determinar las prioridades.

Cuando eche un vistazo a su lista de tareas pendientes, puede que algunas sean más importantes que otras. Estos temas deben ser prioritarios a la hora de determinar cómo emplearás tu tiempo mañana. Por ejemplo, si uno de sus objetivos es completar un proyecto, cualquier tarea directamente relacionada con ese proyecto debe tener prioridad sobre las demás tareas de su lista. Una vez que hayas determinado qué tareas son las más importantes, es hora de pasar al siguiente paso: organizar tu espacio de trabajo.

Organice su espacio de trabajo.

Elimine las distracciones.

El primer paso para organizar tu espacio de trabajo es eliminar todas las distracciones. Esto significa apagar el teléfono, guardar todos tus objetos personales y cualquier otra cosa que pueda distraerte de tu trabajo. Una vez que hayas eliminado todas las distracciones, puedes centrarte en organizar tu espacio de trabajo.

Es importante tener un espacio de trabajo bien organizado para ser productivo. En primer lugar, debes limpiar tu escritorio para tener una superficie limpia sobre la que trabajar. En segundo lugar, debes organizar todo el material que necesitarás ese día para que esté al alcance de la mano. Por último, asegúrate de que todo esté claramente etiquetado para que puedas encontrarlo fácilmente cuando lo necesites.

Configurar un sistema de archivos.

Una forma eficaz de organizar tus documentos es crear un sistema de archivo. Puede ser físico o digital, pero debe estar organizado de forma que tenga sentido para ti y sea de fácil acceso. Por ejemplo, puedes crear carpetas para distintos proyectos o clientes, y luego subcarpetas para distintos tipos de documentos.

Planifica tu día.

Identifique los bloques de tiempo.

Cuando te sientas a planificar tu día, lo primero que debes hacer es identificar los bloques de tiempo en los que puedes trabajar en las tareas. Esto te ayudará a determinar de cuánto tiempo dispones para completar cada tarea.

Por ejemplo, si tienes un trabajo de 9 a 5, sabes que tienes dos horas disponibles por la mañana y dos horas disponibles por la tarde para trabajar en tareas. Si tiene hijos, es posible que tenga que ajustar su horario en consecuencia.

Determine la duración de cada tarea.

Una vez que haya identificado los bloques de tiempo en los que puede trabajar en las tareas, el siguiente paso es determinar la duración de cada tarea. Esto le ayudará a determinar cuánto tiempo debe asignar a cada tarea.

Por ejemplo, si tienes que redactar un informe, puede que necesites dedicar dos horas a escribirlo. Sin embargo, si sólo dispone de una hora, es posible que tenga que ajustar sus expectativas en consecuencia.

Plan de descansos.

Una vez que haya determinado cuánto tiempo le llevará cada

tarea, el siguiente paso es planificar los descansos de la jornada. Esto le ayudará a no sentirse abrumado por las tareas y le dará tiempo para descansar y reponer fuerzas entre una tarea y otra.

Por ejemplo, si trabajas en un proyecto durante cuatro horas seguidas, quizá quieras programar un descanso de diez minutos cada hora para poder dar un pequeño paseo o tomar un tentempié".

¿CÓMO PUEDES LLEVAR SIEMPRE CONTIGO UN CUADERNO Y UN BOLÍGRAFO?

Si eres como la mayoría de la gente, probablemente te has encontrado en una situación en la que desearías tener un bolígrafo y un papel a mano. Tal vez haya intentado recordar un número de teléfono, anotar una dirección o captar una idea brillante antes de que se le olvide. En cualquier caso, siempre es útil llevar un cuaderno y un bolígrafo, por si acaso.

Llevar siempre encima un cuaderno y un bolígrafo tiene muchas ventajas. Por un lado, puede ayudar a potenciar la memoria y el recuerdo. Los estudios han demostrado que escribir las cosas ayuda a grabarlas en la memoria mejor que intentar recordarlas mentalmente.

Además, llevar contigo un cuaderno y un bolígrafo puede ayudarte a aumentar tu creatividad y productividad. Si alguna vez te sientes estancado o falto de inspiración, basta con que apuntes algunas ideas en tu cuaderno para poner en marcha tu creatividad y ayudarte a darle vueltas a la cabeza.

Por último, llevar un cuaderno y un bolígrafo también te ayuda a estar mejor preparado para lo que te depare la vida. Tanto si se trata de recordar una reunión importante como de obtener indicaciones para llegar a un nuevo restaurante, tener a tu lado un cuaderno y un bolígrafo de confianza te ayudará a estar siempre preparado para cualquier cosa.

Ahora que sabemos por qué es tan importante llevar un cuaderno y un bolígrafo con nosotros, veamos cómo sacar el máximo partido a esta práctica combinación.

¿Por qué hay que llevar siempre un cuaderno y un bolígrafo?
Las múltiples ventajas de llevar siempre encima un cuaderno y un bolígrafo.

Llevar siempre encima un cuaderno y un bolígrafo tiene muchas ventajas. Quizá la ventaja más obvia es que te permite estar preparado para anotar cualquier idea que se te ocurra. Esto puede ser muy útil tanto para fines personales como profesionales. Las ideas pueden venirnos en cualquier momento, y a menudo es difícil recordarlas si no las escribimos enseguida. Tener un cuaderno y un bolígrafo a mano garantiza que podamos capturar estas ideas antes de que se nos escapen.

Además, llevar un cuaderno y un bolígrafo puede ayudarte a estimular tu creatividad. Los estudios han demostrado que el simple acto de escribir a mano puede estimular el pensamiento creativo. Así que si buscas formas de aumentar tu creatividad, llevar contigo un cuaderno y un bolígrafo es un buen punto de partida.

Otra ventaja de llevar un cuaderno y un bolígrafo es que puede ayudarte a mejorar tu memoria. Se ha demostrado que escribir las cosas ayuda a recordarlas mejor que simplemente intentar recordarlas. Por eso, si quieres recordar algo importante, escribirlo en un cuaderno es una forma eficaz de hacerlo.

Por último, llevar un cuaderno y un bolígrafo puede ayudar a reducir los niveles de estrés. En un mundo tan ajetreado como el nuestro, es fácil sentirse constantemente en movimiento y con poco tiempo para relajarse. Sin embargo, dedicar siquiera unos minutos de nuestro día a escribir en nuestros cuadernos puede ayudarnos a reducir los niveles de estrés. Escribir nos da la oportunidad de ralentizarnos y reflexionar sobre nuestros pensamientos y sentimientos, lo que puede ser muy tranquilizador.

En general, hay muchas razones por las que deberías llevar siempre contigo un cuaderno y un bolígrafo. Entre otras cosas, puedes captar las ideas que se te ocurren, potenciar tu creatividad, mejorar tu memoria y reducir los niveles de estrés. Así que la próxima vez que salgas de casa, asegúrate de llevar contigo tu cuaderno y tu bolígrafo.

¿Cómo sacar el máximo partido a llevar un cuaderno y un bolígrafo?

Consejos y trucos para sacar el máximo partido a tu cuaderno y bolígrafo.

Si quieres sacar el máximo partido a llevar un cuaderno y un bolígrafo, aquí tienes algunos consejos y trucos que puedes seguir:

1. Utiliza tu cuaderno como diario. Es una forma estupenda de llevar un registro de tus pensamientos, ideas y listas de tareas pendientes. También puedes utilizarlo para grabar notas de reuniones o conferencias.

2. Lleva tu cuaderno siempre contigo. Así siempre lo tendrás a mano cuando lo necesites. Si tiendes a olvidar cosas, pon un recordatorio en tu teléfono o en tu agenda para que te recuerde que tienes que llevarlas contigo.

3. Consigue un modelo que se adapte a tus necesidades. Hay todo tipo de cuadernos en el mercado, así que tómate tu tiempo para encontrar el que más te convenga. Tenga en cuenta factores como el tamaño, la calidad del papel y la encuadernación a la hora de tomar su decisión.

4. Elige un bolígrafo con el que te guste escribir. Esto hará que el uso de tu cuaderno sea más agradable y te animará a escribir más a menudo. Experimenta con distintos bolígrafos hasta que encuentres uno que te siente bien en la mano y escriba con suavidad.

Los distintos tipos de cuadernos y bolígrafos disponibles.

Una visión general de los distintos tipos de cuadernos y bolígrafos del mercado.

En el mercado hay una gran variedad de cuadernos y bolígrafos, por lo que es importante elegir los que se adapten a sus necesidades. He aquí un resumen de algunas de las opciones más populares:

- Los cuadernos de espiral son perfectos para tomar apuntes en clase o en reuniones, ya que permiten hojear las páginas con facilidad.

- Los cuadernos de composición tienen una cubierta más resistente y suelen utilizarse para llevar un diario o escribir historias.

- Los cuadernos Moleskine son de gran calidad y están disponibles en varios tamaños y colores. Son perfectos para esbozar o anotar ideas.

- Los bolígrafos se pueden encontrar en multitud de colores, anchos y estilos. Los bolígrafos son el tipo más común, pero las plumas estilográficas y los bolígrafos de gel también son opciones populares. Elige un bolígrafo con el que sea cómodo escribir y cuya tinta no se emborrone.

¿CÓMO CREAR UNA LISTA DE TAREAS QUE FUNCIONE PARA USTED?

Si usted es como la mayoría de la gente, probablemente tiene una lista de tareas pendientes más larga de lo que puede llegar a terminar. Y si eres como la mayoría de la gente, es probable que esa lista de tareas pendientes no te funcione muy bien. La buena noticia es que hay cosas sencillas que puedes hacer para crear una lista de tareas que realmente te funcione.

Aquí tienes tres consejos para crear una lista de tareas que te ayudarán a hacer más cosas y a sentirte menos abrumado. Al final de esta sección, sabrás cómo fijar tus objetivos, hacer una lista de tareas pendientes y hacer un seguimiento de tus progresos para que puedas empezar a tachar cosas de tu lista.

Determine sus objetivos.

¿Cuáles son sus objetivos?

Para crear una lista de tareas eficaz, primero debe determinar cuáles son sus objetivos. ¿Qué quiere conseguir? ¿Quieres sacar mejores notas en la escuela? ¿Perder peso? ¿Pasar más tiempo con la familia y los amigos? Una vez que sepa cuáles son sus objetivos, podrá empezar a determinar la mejor manera de alcanzarlos.

¿Cuándo quiere alcanzar sus objetivos?

No basta con saber cuáles son tus objetivos, también debes tener un calendario para alcanzarlos. De lo contrario, es fácil posponer las tareas importantes hasta que sea demasiado tarde. ¿Cuándo quiere alcanzar su objetivo? ¿En una semana? ¿Un mes? ¿Un año? Saber esto te ayudará a determinar cuánto tiempo necesitas dedicar a cada tarea de tu lista.

¿Cuánto tiempo es razonable que dediques a cada tarea?

Ahora que sabes cuáles son tus objetivos y cuándo quieres alcanzarlos, es el momento de empezar a pensar cuánto tiempo es razonable dedicar a cada tarea. Esto variará en función de la tarea en sí y del tiempo de que dispongas. Por ejemplo, si uno de sus objetivos es perder peso, probablemente sea razonable pasar una hora en el gimnasio todos los días. Pero si uno de tus objetivos es sacar mejores notas en los estudios, dedicar una hora a hacer los deberes cada noche puede no ser realista si también tienes actividades extraescolares o un trabajo a tiempo parcial. La clave está en encontrar un equilibrio entre lo que es realista para ti y lo que es necesario para alcanzar tu objetivo.

Haz una lista de tareas.
¿Qué tareas debe realizar?

Para crear una lista de tareas que funcione para usted, es importante determinar primero qué tareas hay que hacer. Esto dependerá de sus objetivos y del tiempo de que disponga. Sin embargo, algunas tareas comunes que pueden incluirse en una lista de tareas pendientes son :

- Buscar un tema
- Redactar un artículo o un informe
- Editar un documento
- Crear una presentación
- Reunirse con clientes o colegas
- Asistir a una sesión de formación o a un seminario

- Viajes de negocios
- Planificar un acto

¿Qué prioridad daría a cada tarea?

Tras determinar qué tareas hay que hacer, el siguiente paso es priorizarlas. Esto le ayudará a determinar qué tareas son las más importantes y deben hacerse primero. Hay muchas formas de priorizar las tareas, pero una de ellas es utilizar la matriz de Eisenhower.

Siga su lista de tareas.

¿Qué herramientas utilizará para supervisar sus tareas?

Puede optar por realizar el seguimiento de sus tareas de diferentes maneras. Puede utilizar un método sencillo de papel y bolígrafo, o puede preferir un sistema digital más complejo. Sea cual sea el método que elijas, asegúrate de que puedes seguirlo.

Una forma popular de llevar la cuenta de las tareas es utilizar la matriz de Eisenhower. Este sistema le ayuda a priorizar sus tareas por urgencia e importancia. Las tareas se clasifican en cuatro cuadrantes: urgentes e importantes, importantes pero no urgentes, no importantes pero urgentes, y no importantes y no urgentes. Esta puede ser una forma útil de ver rápidamente qué tareas necesitan tu atención inmediata y cuáles pueden esperar.

Otra opción es la técnica Pomodoro. Esta estrategia de gestión del tiempo divide el trabajo en intervalos cortos, normalmente de 25 minutos, separados por pausas breves. Esto puede ayudarle a mantenerse centrado en una tarea y evitar el agotamiento. También puede ser útil programar un temporizador para saber cuándo pasar a la siguiente tarea.

¿Con qué frecuencia revisará su lista de tareas pendientes?

Es importante encontrar un equilibrio entre revisar la lista con demasiada frecuencia y no revisarla lo suficiente. Revisar la lista con demasiada frecuencia puede provocar ansiedad y sensación de agobio, mientras que no revisarla con la frecuencia suficiente puede significar que las tareas se escapen de las manos. Intenta reservar un rato al día, por ejemplo a primera hora de la mañana o a última de la tarde, para revisar tu lista y añadir las nuevas tareas que hayan surgido desde la última vez que la revisaste. Además, procure reservar un tiempo cada semana para revisar sus progresos y hacer los ajustes necesarios para asegurarse de que sigue por el buen camino.

¿Qué cambios harás en tu lista de tareas mientras trabajas?

A medida que empiece a trabajar con su lista de tareas, descubrirá que algunos métodos le funcionan mejor que otros. También es posible que algunas tareas le lleven más o menos tiempo del previsto o que las prioridades cambien con el tiempo. Prepárate para experimentar con distintos enfoques y adaptarlos según sea necesario para que tu lista de tareas siga siendo una herramienta eficaz que te ayude a alcanzar tus objetivos.

¿CÓMO PRIORIZA SUS TAREAS?

En el ajetreado mundo actual, aprender a priorizar las tareas es más importante que nunca. Tanto si eres un estudiante que intenta compaginar sus estudios con un trabajo a tiempo parcial, como si eres un profesional ocupado con una familia y otros compromisos, aprender a priorizar puede ayudarte a aprovechar tu tiempo al máximo.

Hay varias formas de priorizar las tareas. Una forma es simplemente priorizar según la importancia. Por ejemplo, si tiene una fecha límite próxima en el trabajo, esa tarea tendrá prioridad sobre algo que pueda hacerse en cualquier momento. Otra forma de priorizar es en función de la urgencia. Las tareas urgentes son las que hay que hacer inmediatamente, como responder a un correo electrónico de tu jefe. Las tareas que no son urgentes pueden dejarse para más tarde.

La gestión del tiempo es otro factor importante a la hora de priorizar las tareas. Si eres capaz de gestionar tu tiempo eficazmente, podrás hacer más en menos tiempo. Así podrá dedicar más tiempo a las cosas que son realmente importantes para usted. Una forma de mejorar tu capacidad de gestión del tiempo es utilizar un planificador o una aplicación de planificación para hacer un seguimiento de tus compromisos y plazos.

Por último, la delegación también puede ser una herramienta útil para priorizar tus tareas. Delegar significa encomendar a otra persona una tarea en tu lugar. Esto puede ser especialmente útil si hay varias personas trabajando en un proyecto con usted, al delegar.

Priorice sus tareas.

Por qué es importante priorizar las tareas.

Priorizar las tareas es importante porque permite centrarse primero en las más importantes y completarlas con mayor rapidez y eficacia. También te ayuda a evitar la procrastinación y el agotamiento al proporcionarte un plan de acción claro.

¿Cómo puede priorizar sus tareas?

Hay varias formas de priorizar las tareas. Una forma es crear una lista de todas las tareas que tiene que hacer y clasificarlas por orden de importancia. Otra forma es utilizar una técnica de gestión del tiempo llamada Matriz de Eisenhower, que te ayuda a priorizar las tareas según su urgencia e importancia.

Las ventajas de priorizar su lista de tareas pendientes.

Por qué es importante priorizar las tareas.

Cuando tienes muchas tareas por hacer, puede ser útil priorizar tu lista de tareas. Esto significa priorizar las tareas para terminar primero las más importantes. Priorizar la lista de tareas tiene varias ventajas.

Una de las ventajas más importantes es que puede ayudarle a ahorrar tiempo. Si priorizas tus tareas, te asegurarás de trabajar primero en las más importantes. Así evitará perder tiempo en tareas menos importantes.

Otra ventaja de priorizar tu lista de tareas es que puede mejorar tu productividad. Cuando sepas qué tareas son las más importantes, podrás concentrar tu energía en realizarlas. Esto puede ayudarle a hacer más cosas en menos tiempo.

Por último, establecer prioridades en tu lista de tareas puede ayudarte a mantenerte organizado y centrado. Cuando tu lista de tareas pendientes esté bien organizada, te resultará más fácil encontrar la información que necesitas y hacer un seguimiento de lo que hay que hacer. Esto puede ayudarle a mantenerse al día en su trabajo y evitar olvidar tareas importantes.

Las ventajas de una lista de tareas bien organizada.

Cómo una lista de tareas bien organizada puede ahorrarle tiempo.

Si tienes mucho que hacer, puede ser útil dar un paso atrás y organizar tus tareas jerárquicamente. Así podrá centrarse mejor en lo que hay que hacer primero y evitar sentirse abrumado por todo lo que hay que hacer. Esto no sólo le ayudará a utilizar su tiempo de forma más eficiente, sino que también puede aumentar su productividad y ayudarle a hacer más cosas en general.

¿Cómo puede una lista de tareas bien organizada mejorar su productividad?

Una lista organizada de tareas pendientes también puede mejorar tu productividad al ayudarte a controlar los plazos y el progreso de cada tarea. Esto es especialmente útil si tienes varios proyectos en marcha al mismo tiempo. Al tenerlo todo delante, le resultará más fácil ver lo que le queda por hacer y lo cerca que está de completar cada tarea. Esto puede motivarte a seguir trabajando hasta que todo esté terminado.

¿Cómo puede sacar el máximo partido a su lista de tareas pendientes?

Consejos para utilizar eficazmente tu lista de tareas pendientes.

Hay algunas cosas que puedes hacer para asegurarte de que sacas el máximo partido a tu lista de tareas pendientes. En primer lugar, intenta que sea lo más breve posible. Una lista larga y detallada puede resultar abrumadora y dificultar la concentración en lo realmente importante. En segundo lugar, revise su lista con regularidad y actualícela cuando sea necesario. Esto le ayudará a mantenerse al día de los cambios y asegurarse de que su lista es siempre exacta. Por último, no tengas miedo de delegar tareas en otras personas. Si otra persona puede realizar una tarea tan bien como tú, no hay razón para no dejársela hacer.

Para sacar el máximo partido a tu lista de tareas pendientes, es importante ser eficiente en su uso. Una forma de hacerlo es utilizar una herramienta como Todoist, que permite añadir, eliminar y organizar tareas fácilmente. Otra forma de ser más eficiente es agrupar tareas similares y ocuparse de todas a la vez. Por ejemplo, si tiene que hacer varias llamadas telefónicas, intente hacerlas todas a la vez en lugar de repartirlas a lo largo del día. Si utiliza su lista de tareas pendientes con eficacia, podrá hacer más en menos tiempo.

¿CÓMO SABER DÓNDE PIERDES EL TIEMPO DURANTE EL DÍA?

Nodos tenemos las mismas 24 horas al día, pero algunos sentimos que no hacemos lo suficiente. Si le cuesta encontrar tiempo para las cosas que son importantes para usted, puede deberse a que está perdiendo el tiempo durante el día. En esta entrada del blog, le mostraremos cómo averiguar dónde está perdiendo el tiempo durante el día y qué puede hacer al respecto.

El tiempo es un bien precioso que nunca podremos recuperar, por lo que es importante utilizarlo sabiamente. Perder el tiempo puede hacer que se pierdan oportunidades y se reduzca la productividad. También puede provocar estrés y ansiedad.

Si quiere empezar a reducir el tiempo perdido, el primer paso es evaluar su agenda diaria. Identifique las actividades que le ocupan más tiempo del que deberían o que no aportan valor a su jornada. A continuación, haz cambios en tu rutina para poder centrarte en las cosas que más te importan.

Cómo saber dónde pierdes el tiempo durante el día.
Identificar las actividades que consumen mucho tiempo.
El primer paso para reducir el tiempo perdido es identificar en qué lo pierde durante el día. Para ello, lleve un registro de cómo emplea su tiempo y busque patrones de pérdida de tiempo.

Hay varias formas de controlar tu tiempo:

1. Utiliza un temporizador o cronómetro para controlar el tiempo que dedicas a cada tarea o actividad a lo largo del día. Al final del día, revisa tu lista y busca actividades que te hayan llevado más tiempo del debido o a las que hayas dedicado más tiempo del necesario.

2. Lleve un diario en el que detalle cómo emplea su tiempo cada día. Inclúyalo todo, desde que se levanta hasta que se acuesta, y sea lo más específico posible. Revise su agenda al final de cada día y busque patrones de pérdida de tiempo.

3. Utiliza una aplicación o un programa informático para controlar automáticamente tu tiempo. Hay muchas opciones diferentes, así que encuentra la que mejor se adapte a tus necesidades y ¡empieza a hacer el seguimiento!

Una vez que haya identificado dónde pierde el tiempo durante el día, es importante determinar la raíz del problema. ¿Es porque tardas demasiado en completar las tareas? ¿Es porque se distrae fácilmente? ¿O es algo totalmente distinto? Una vez que conozca la causa raíz, podrá desarrollar un plan para abordarla.

Determinar la causa de las pérdidas de tiempo.
Hay muchas razones diferentes por las que las personas pierden tiempo durante el día, pero algunas causas comunes incluyen

- No tener un objetivo o plan claro de lo que hay que hacer
- Falta de atención o concentración
-Procrastinación
-Distracciones
-Desorganización

Si puede identificar cuál de estos problemas le hace perder tiempo durante el día, le resultará mucho más fácil elaborar un plan para abordarlos. Por ejemplo, si la procrastinación es un problema, hay varias estrategias que pueden ayudar a resolverlo (véase el apartado 3). Pero si las distracciones son un problema, desarrollar un sistema para minimizarlas (como utilizar un espacio de trabajo libre de distracciones) puede suponer una gran diferencia en la productividad.

Desarrollar un plan para resolver el problema
Ahora que ha identificado dónde y por qué pierde el tiempo durante el día, es importante desarrollar un plan para resolver el problema o los problemas. Esto implicará hacer algunos cambios en tu rutina y hábitos diarios, pero con un poco de esfuerzo y disciplina, ¡es muy posible! Aquí tienes algunos consejos:

- Establecer objetivos realistas sobre lo que hay que conseguir en un día, una semana o un mes determinados, y asegurarse de que estos objetivos son específicos y alcanzables.

- Elabore un calendario diario/semanal en el que se detallen las fechas de realización de determinadas tareas; intente ceñirse a este calendario en la medida de lo posible.

- Utiliza temporizadores u otras herramientas que te ayuden a centrarte en la tarea que tienes entre manos; si es necesario, divide las tareas grandes en otras más pequeñas.

- Elimine las distracciones reservando periodos específicos de tiempo de trabajo ininterrumpido; apague las notificaciones del teléfono/ordenador, etc., no se permita navegar por Internet a menos que sea absolutamente necesario.

- Organícese despejando su espacio de trabajo y creando sistemas que funcionen para USTED; encuentre lo que funciona mejor y cíñase a ello.

Poner en práctica algunos de estos consejos puede suponer una gran diferencia en términos de productividad y reducción del tiempo perdido. Así que tómate tu tiempo para evaluar tu propia situación y desarrollar un plan que funcione para ti.

¿CÓMO DIVIDES TU DÍA?

Nodos tenemos las mismas 24 horas al día, pero algunas personas parecen poder hacer más que otras. Si tiene la sensación de que no aprovecha el tiempo al máximo, puede resultarle útil intentar compartimentar su jornada.

Dividir el día en compartimentos puede tener varias ventajas. En primer lugar, puede ayudarle a centrarse en una tarea cada vez y evitar sentirse abrumado. En segundo lugar, puede ayudarte a aprovechar mejor tu tiempo al permitirte agrupar tareas similares. Y en tercer lugar, puede ayudarte a mantenerte organizado y menos estresado.

Si quieres probar este enfoque, debes tener en cuenta algunas cosas. En primer lugar, empieza por levantarte temprano para tener más tiempo al día. En segundo lugar, tómese su tiempo para planificar el día, de modo que sepa qué tareas hay que hacer y cuándo. Por último, utiliza una técnica llamada "bloqueo del tiempo" para dividir cada tarea en trozos de tiempo más pequeños.

Con estos consejos, estarás en el buen camino para aprovechar al máximo cada día.

Dividir el día en compartimentos

Las ventajas.

Cuando divides tu día en trozos, puedes gestionar tu tiempo y energía de forma más eficaz. Al dividir el día en partes más pequeñas, puedes centrarte mejor en cada tarea y evitar agobiarte. Además, compartimentar el día puede ayudarle a equilibrar mejor el trabajo y la vida personal.

¿Cómo hacerlo eficazmente?

Hay varias formas de dividir el día en compartimentos. Una forma es levantarse temprano y planificar el día con antelación. Otra forma es utilizar el bloqueo temporal.

Sea cual sea el método que elijas, lo importante es ser consciente de cómo empleas tu tiempo.

Asegúrate de que cada actividad tiene un propósito claro y que encaja con tus objetivos generales del día.

Levántate temprano.

Ventajas

Madrugar tiene muchas ventajas. Por un lado, tendrás más tiempo para hacer las cosas. También puedes aprovechar el tiempo extra para hacer ejercicio, meditar o simplemente disfrutar de un poco de paz y tranquilidad antes de que empiece el día. Además, las investigaciones han demostrado que las personas que se despiertan temprano suelen ser más productivas y tener más éxito que las que duermen.

¿Cómo despertarse temprano?

Si no está acostumbrado a madrugar, puede resultarle difícil hacer el cambio. Aquí tienes algunos consejos que te ayudarán a empezar:

1) Empieza por poner el despertador 15 minutos antes de lo habitual. Cuando se acostumbre a levantarse a esa hora, auméntela gradualmente otros 15 minutos hasta que se despierte a la hora deseada.

2) Cree una rutina para acostarse que le ayude a relajarse y a levantarse con más facilidad por la mañana. Por ejemplo, leer o darse un baño antes de acostarse.

3) ¡Duerma lo suficiente! Esto puede parecer obvio, pero es importante dormir entre 7 y 8 horas cada noche para estar bien descansado y poder levantarse temprano sintiéndose descansado.

Planifica tu día.

Ventajas

Planificar el día puede ayudarle a ser más productivo y organizado. También puede ayudar a reducir los niveles de estrés y aumentar la sensación de control sobre la vida cotidiana. Cuando planificas tu día, puedes decidir qué tareas son prioritarias y cuáles pueden esperar. Esto puede ayudarle a utilizar su tiempo de forma más eficaz y evitar sentirse abrumado por todo lo que hay que hacer.

Hay distintas formas de planificar el día. Puedes utilizar una agenda o un calendario físico, o bien una aplicación o un programa digital. Sea cual sea el método que elijas, asegúrate de que te funciona y de que realmente lo vas a utilizar. Planificar el día debe ser rápido y fácil para que no te desanimes a hacerlo con regularidad.

¿Cómo planificar el día?

Para empezar a planificar el día, identifique primero sus objetivos diarios. ¿Qué quiere conseguir? Haz una lista de todas las tareas que hay que hacer, grandes y pequeñas. Una vez que tenga una idea clara de lo que hay que hacer, priorice los puntos de la lista. Decida qué tareas son las más importantes y deben hacerse primero, y cuáles pueden esperar hasta más tarde o incluso ignorarse por completo.

A continuación, reserve tiempo en su agenda para cada una de las tareas de la lista. Sé realista sobre el tiempo que te llevará cada tarea para que no te sobre ni te falte tiempo al final del día. Si es posible, intenta agrupar tareas similares para poder trabajar en ellas de forma más eficiente. Por ejemplo, si tienes que hacer llamadas de teléfono por trabajo, hazlas todas a la vez en lugar de repartirlas a lo largo del día.

Una vez que tengas un plan para el día, cíñete a él en la medida de lo posible. Por supuesto, siempre surgirán imprevistos a lo largo del día, pero intenta que no desbaraten todo tu plan. Si surge algo, simplemente ajusta tu plan en consecuencia y sigue adelante.

Tiempo de bloqueo.

Ventajas

El bloqueo temporal tiene muchas ventajas. En primer lugar, puede ayudarte a aprovechar mejor tu tiempo. Dividiendo el día en trozos más pequeños, puedes centrarte en una tarea cada vez y evitar solapamientos. Esto puede redundar en una mayor eficacia y productividad.

En segundo lugar, el bloqueo del tiempo puede ayudar a reducir el estrés. Saber exactamente qué hay que hacer y cuándo puede aliviar parte de la presión. Por último, el bloqueo del tiempo puede mejorar el equilibrio entre trabajo y vida privada. Si se tiene un horario fijo para las tareas laborales, puede ser más fácil reservar tiempo para el ocio o las obligaciones familiares.

¿Cómo bloquear el tiempo?

Hay varias formas de enfocar el bloqueo temporal. Un método consiste en crear un horario diario o semanal, dedicando cada bloque a una tarea o actividad específica. Otro método consiste en dividir el día en intervalos más pequeños (por ejemplo, de 15 minutos) y utilizar un cronómetro para controlar cada bloque. Sea cual sea el método que elijas, la clave está en ser constante y ceñirte al plan en la medida de lo posible. El bloqueo del tiempo puede ser una herramienta útil para cualquiera que desee mejorar su productividad o su conciliación de la vida laboral y familiar. Pruébalo y comprueba si te funciona.

¿CÓMO PUEDE DESORDENAR SU CASA Y AHORRAR ESPACIO?

Ê ¿Está cansado de sentir que su casa está desordenada y es un caos? Si es así, no está solo. De hecho, los estudios han demostrado que el desorden puede aumentar los niveles de estrés. La buena noticia es que desordenar la casa puede ayudar a reducir el estrés y mejorar el bienestar general.

Además de mejorar su salud mental, ordenar su casa también puede ayudarle a ahorrar espacio. Si su casa está llena de cosas, puede resultar difícil moverse y disfrutar de su espacio vital. Al desordenar, puede liberar espacio valioso en su hogar, haciéndolo más cómodo y funcional.

Si está listo para ordenar su casa y mejorar su calidad de vida, siga leyendo para obtener consejos sobre cómo empezar.

Despeja tu casa.

¿Por qué es importante desordenar la casa o el apartamento?

El desorden puede afectar negativamente a la salud mental y física. Puede provocar ansiedad y estrés, y hacer que tu casa parezca estrecha y pequeña.

Ordenar su casa puede ayudarle a reducir el estrés, sentirse más organizado y crear un entorno más relajante.

¿Cómo ordenar su casa?

Hay algunos pasos sencillos que puede dar para desordenar su casa:

1) Deshazte de todo lo que no uses o necesites - Si no has usado algo en seis meses, lo más probable es que no lo necesites. Dona los objetos que estén en buen estado y recicla o tira lo que no lo esté.

2) Organiza lo que queda - Una vez que te hayas deshecho de los objetos innecesarios, tómate tu tiempo para organizar lo que queda. Esto facilitará la búsqueda de objetos cuando los necesites y hará que tu espacio esté más limpio en general.

3) Pon las cosas en su sitio - Asegúrate de que todo tiene un lugar designado. Esto te ayudará a controlar tus cosas y a evitar que el desorden se acumule con el tiempo.

Ahorra espacio.
¿Por qué es importante ahorrar espacio?
Ahorrar espacio es importante por muchas razones. Puede ayudarle a despejar su casa, hacer que parezca más grande y más funcional. Hay muchas formas de ahorrar espacio en casa, y cada método tiene sus ventajas e inconvenientes.

¿Cómo ahorrar espacio?
Hay muchas formas de ahorrar espacio en casa. Algunos métodos son más eficaces que otros, y algunos pueden ser más adecuados para sus necesidades que otros. He aquí algunos de los métodos más populares:

1) Utiliza muebles que también sirvan de almacenaje. Esto incluye artículos como taburetes con almacenaje incorporado, mesas de centro con cajones y camas con almacenaje debajo.

2) Deshazte del desorden. El desorden ocupa mucho espacio, tanto físico como visual. Si ordenas tu casa, liberarás mucho espacio.

3) Utiliza soluciones de almacenamiento vertical. Esto incluye

estantes, estanterías, ganchos y cestas que pueden colgarse de la pared o de la puerta.

4) Utiliza muebles versátiles. Esto incluye artículos como camas plegables, sillas y mesas plegables y sofás convertibles.

5) Utiliza soluciones de almacenamiento ocultas. Esto incluye artículos como contenedores de almacenamiento bajo la cama, zapateros sobre la puerta y organizadores de armarios.

Estar bien organizado, tener el espacio vital ordenado y despejado también le ayudará a gestionar mejor su tiempo y a reducir el estrés.

EGO: EL ENEMIGO DEL ÉXITO

El "ego" de suele verse como una fuerza positiva, algo que nos impulsa a alcanzar nuestros objetivos y tener éxito.

Sin embargo, en realidad, el ego es a menudo el enemigo del éxito. El ego puede cegarnos ante nuestros propios defectos y debilidades, llevándonos a tomar malas decisiones y, en última instancia, a fracasar.

Afortunadamente, hay medidas que podemos tomar para superar nuestros egos y tener éxito. Identificando nuestros egos, aceptándolos y superándolos, podemos prepararnos para el éxito.

El ego es el enemigo del éxito.

¿Qué es el ego?

El ego es el sentido de autoimportancia de un individuo. Puede llevar a las personas a creerse mejores que los demás y a actuar de forma perjudicial para sí mismas y para los demás.

¿Por qué es el enemigo del éxito?

El ego puede impedir que las personas alcancen todo su potencial porque les lleva a pensar que no necesitan la ayuda de nadie más. También puede llevarles a tomar decisiones equivocadas que perjudiquen sus posibilidades de éxito.

Los 3 pasos para superar tu ego.

Identifica tu ego.

El primer paso para superar tu ego es identificarlo. El ego es la parte de ti que busca constantemente la validación y la aprobación de los demás. Es la voz en tu cabeza que te dice que no eres lo suficientemente bueno, que necesitas hacer más para tener éxito. Reconocer esta voz es el primer paso para acallarla.

Acepta tu ego.

El segundo paso es aceptar tu ego. Esto no significa que tenga que gustarte o que estés de acuerdo con todo lo que dice, pero sí significa reconocer su existencia y darle un lugar en tu vida. Recuerda que el ego es sólo una parte de lo que eres, no la totalidad de lo que eres. Hay mucho más en ti que tu ego.

Supera tu ego.

El tercer y último paso es superar tu ego. Esto no significa erradicarla por completo, pero sí aprender a controlarla para que no tenga un control tan fuerte sobre tu vida. Una forma de hacerlo es practicar la atención plena y estar presente en el momento, en lugar de dejar que la mente divague en preocupaciones y estrés pasados o futuros. Otra forma de superar el ego es mediante actos de bondad y compasión, que ayudan a desviar la atención de uno mismo hacia los demás y nos recuerdan nuestra humanidad compartida.

¿CÓMO PUEDE ELIMINAR LA PROCRASTINACIÓN DE SU VIDA?

La procrastinación es un comportamiento que puede definirse de distintas maneras, pero que generalmente se caracteriza por posponer tareas o actividades que deberían hacerse. Es un comportamiento habitual, pero no por ello carece de consecuencias. La procrastinación puede tener muchas consecuencias negativas en tu vida, tanto profesional como personal y académica. Hay muchas formas de combatir la procrastinación, pero es importante encontrar el método que mejor te funcione y ceñirte a él.

¿Qué es la procrastinación y por qué es tan fácil dejarse llevar?

La procrastinación es un comportamiento que puede definirse de distintas maneras.

La procrastinación puede verse simplemente como pereza, pero en realidad es mucho más complicada que eso.

En su forma más básica, la procrastinación es el acto de posponer algo que sabes que debes hacer. Esto puede ir desde hacer los deberes hasta cuidar de tu salud. Hay varias razones por las que la gente puede procrastinar, pero la más común es el miedo. El miedo al fracaso, el miedo a lo desconocido e incluso el miedo al éxito pueden conducir a la procrastinación.

La procrastinación es un comportamiento habitual, pero no por

ello carece de consecuencias.

Aunque parezca que todo el mundo lo hace, la procrastinación puede tener consecuencias bastante graves.

Por un lado, puede hacer que se pierdan oportunidades. Si pospones constantemente cosas que podrían ayudarte a avanzar en tu carrera o en tu vida personal, puedes perder oportunidades de progresar. Además, la procrastinación también puede dar lugar a un trabajo de peor calidad. Cuando uno se apresura a terminar algo en el último minuto, es mucho más probable que cometa errores o realice un trabajo deficiente que si se hubiera tomado el tiempo necesario para hacerlo bien desde el principio.

Por último, la procrastinación crónica también puede dañar la salud mental y física. La ansiedad y el estrés son efectos secundarios habituales de la procrastinación, y pueden provocar graves problemas de salud más adelante si no se controlan.

Las consecuencias de la procrastinación.

La procrastinación puede tener muchas consecuencias negativas en tu vida.

La procrastinación puede tener una serie de consecuencias negativas en tu vida. Entre ellas se incluyen el incumplimiento de plazos y objetivos y la reducción de la productividad. Además, la procrastinación puede provocar sentimientos de culpa, vergüenza y ansiedad. También puede interferir en tus relaciones personales y hacer que te pierdas acontecimientos importantes.

La procrastinación puede provocar dificultades en diversos ámbitos de la vida, como el laboral, el personal y el académico.

La procrastinación puede causar problemas en todos los ámbitos de la vida. Por ejemplo, si se retrasa en la finalización de un proyecto de trabajo, puede incumplir el plazo y enfrentarse a medidas disciplinarias por parte de su empresa. Si retrasas el estudio para un examen, es posible que no lo hagas todo lo bien que podrías y recibas una nota inferior a la que merecías.

La procrastinación también puede interferir en sus relaciones personales, haciéndole perderse acontecimientos importantes o pasar tiempo con personas con las que preferiría no estar.

¿Cómo puede eliminar la procrastinación de su vida?

Hay varias formas de combatir la procrastinación.

Hay varias cosas que puedes hacer para combatir la procrastinación y eliminarla de tu vida. Algunas de ellas son:

- Averigüe qué desencadena su procrastinación - Una vez que sepa qué desencadena su impulso de procrastinar, puede intentar evitar estas situaciones o tener un plan para afrontarlas.

- Divida las tareas en partes más pequeñas y manejables: esto puede hacer que la tarea sea menos desalentadora y aumentar la probabilidad de que empiece a trabajar en ella.

- Deshazte de las distracciones: si tienes cosas en tu entorno que facilitan la procrastinación (por ejemplo, televisión, redes sociales, muebles cómodos), deshazte de ellas o, al menos, apártalas de la vista para que no sean tan tentadoras.

- Fíjese plazos - Tener un plazo para completar una tarea puede motivarle para empezar y seguir adelante.
- Proponte consecuencias - Si sabes que es probable que procrastines algo, proponte una consecuencia si no lo haces (por ejemplo, nada de televisión durante una semana).

- Encuentre a alguien que le haga rendir cuentas - Hablar con otra persona sobre su objetivo y pedirle que se ponga en contacto con usted puede ayudarle a mantener el rumbo.

Es importante encontrar el método que más te convenga y ceñirte a él.

Es importante encontrar el método o la combinación de métodos que mejor le funcionen y ceñirse a ellos. Como cualquier otro cambio de comportamiento, acabar con el hábito de procrastinar requiere tiempo y esfuerzo. Pero si eres capaz de perseverar, la recompensa merecerá la pena.

¿CÓMO PUEDES DAR PEQUEÑOS PASOS PARA ALCANZAR TUS OBJETIVOS?

Fijarse objetivos es una forma estupenda de mantenerse motivado y centrado en la vida. Pero a veces podemos sentirnos abrumados pensando en todos los cambios que tenemos que hacer para alcanzar nuestros objetivos. Si esto le resulta familiar, no se preocupe. No siempre hay que hacer cambios drásticos para ver resultados. A veces, dar pequeños pasos puede ser suficiente para ayudarle a alcanzar sus objetivos.

Exploraremos tres formas de dar pequeños pasos para alcanzar tus objetivos. Veremos cómo pequeños cambios pueden dar grandes resultados, los beneficios de la meditación y cómo el método Pareto puede ayudarle a priorizar sus acciones. Al final de este artículo, dispondrás de herramientas prácticas que podrás utilizar para empezar a avanzar hacia tus objetivos.

Da pequeños pasos para alcanzar tus objetivos.

No siempre es necesario hacer cambios drásticos para conseguir resultados diferentes.

No tienes que cambiar toda tu vida para empezar a ver resultados. A veces basta con hacer unos pequeños ajustes. Por ejemplo, si estás intentando comer más sano, puedes empezar por suprimir los refrescos y sustituirlos por agua. O, si lo que quieres es ahorrar dinero, puedes empezar por prepararte el almuerzo en lugar de comprarlo todos los días. Pequeños cambios como estos pueden sumarse con el tiempo y dar lugar a grandes resultados.

A menudo bastan pequeños cambios para obtener buenos resultados.

En muchos casos, hacer pequeños cambios es más eficaz que hacer grandes cambios. Esto se debe a que los pequeños cambios son más fáciles de mantener y a menudo tienen un impacto mayor de lo que pensamos. Por ejemplo, dejar de fumar es una de las mejores cosas que puede hacer por su salud. Pero si no estás preparado para dejarlo del todo, incluso reducir el consumo de tabaco puede suponer una gran diferencia.

Así que no subestimes el poder de los pequeños pasos: pueden conducir a grandes cambios en el futuro.

Los beneficios de la práctica de la meditación.

La meditación puede ayudarte a lidiar con el estrés y las emociones.

Cuando la vida se vuelve abrumadora, puede ser difícil hacer frente al estrés y controlar nuestras emociones. Podemos sentirnos como si estuviéramos constantemente al borde del colapso. Si esto le resulta familiar, puede que haya llegado el momento de probar la meditación.

Se ha demostrado que la meditación es una forma eficaz de reducir el estrés y favorecer la relajación.

1. También puede ayudar a aliviar la ansiedad, la depresión y otros problemas de salud mental.

2. Uno de los beneficios de la meditación es que nos ayuda a ser más conscientes de nuestros pensamientos y sentimientos.

3. Esto nos permite controlar nuestras reacciones ante ellos, en lugar de ser controlados por ellos.

4. Por ejemplo, supongamos que te quedas cortado en un

atasco. Normalmente, su primera reacción puede ser de enfado o frustración. Pero si eres consciente de tus pensamientos y sentimientos, puedes elegir cómo reaccionar. En lugar de enfadarte, podrías respirar hondo y dejarlo pasar.

La meditación puede ayudarte a concentrarte y ser más productivo.

En el mundo actual, es fácil distraerse con todo el ruido que nos rodea. Desde los teléfonos que suenan constantemente hasta las notificaciones que aparecen en las pantallas de nuestros ordenadores, siempre hay algo que retiene nuestra atención. Esta distracción constante puede dificultar la concentración durante largos periodos de tiempo.

La meditación puede ayudar a resolver este problema entrenando a nuestro cerebro para que se concentre en una sola cosa a la vez.

Esta mejora de la concentración puede extenderse a otras áreas de nuestra vida, haciéndonos más productivos en todo lo que hacemos.

Así que si buscas una forma de aumentar tu productividad, ¡prueba la meditación!

EL MÉTODO PARETO
Y CÓMO APLICARLO
A TU VIDA.

El método Pareto es una técnica que puede ayudarte a priorizar tus acciones.

El método de Pareto también se conoce como la regla 80/20. Esta regla establece que, para muchos acontecimientos, aproximadamente el 80% de los efectos proceden del 20% de las causas. En otras palabras, un pequeño número de factores son responsables de una gran proporción de los resultados.

Este principio puede aplicarse a muchas áreas diferentes de la vida, incluida la gestión del tiempo. Por ejemplo, si te das cuenta de que pasas mucho tiempo en las redes sociales sin hacer gran cosa, puedes utilizar el principio de Pareto para ayudarte a priorizar mejor tu tiempo.

El método Pareto puede ayudarte a gestionar mejor tu tiempo.

El principio de Pareto también puede aplicarse a la fijación de objetivos. Cuando se tienen muchos objetivos, puede resultar difícil saber por dónde empezar. Utilizando el principio de Pareto, puede priorizar sus objetivos identificando los que tendrán mayor impacto.

Por ejemplo, si su objetivo es perder peso, puede centrarse en una alimentación sana y en hacer ejercicio con regularidad. Es probable que estos dos factores influyan más en la pérdida de peso que otros, como vigilar lo que se come o tomar suplementos.

Aplicar el principio de Pareto puede ayudarle a utilizar mejor su tiempo y sus recursos para alcanzar sus objetivos con mayor eficacia.

CÓMO CONCENTRARSE: EL PODER DE LA CONCENTRACIÓN

Presque a todo el mundo le vendría bien aprender a concentrarse. En nuestro mundo ajetreado y constantemente conectado, es más importante que nunca poder dirigir nuestra atención hacia donde queremos. Tanto si intentamos ser más productivos en el trabajo, más creativos en nuestras aficiones o simplemente recordar dónde dejamos las llaves, la concentración es clave.

Exploraremos el poder de la concentración. Veremos qué es el enfoque y por qué es importante. También le daremos algunos consejos para mejorar su concentración. Por último, exploraremos los beneficios de ser una persona más centrada. Así que empecemos.

El poder de la concentración.

¿Qué es la concentración?

La concentración es la capacidad de dirigir la energía mental y física hacia un objetivo concreto. Consiste en concentrarse en una tarea sin distracciones.

La importancia de la concentración.

La concentración es importante porque nos permite dirigir nuestros limitados recursos mentales y físicos hacia la consecución de nuestros objetivos. Cuando nos concentramos, somos capaces de trabajar de forma más eficiente y eficaz.

¿Cómo mejorar la concentración?

Hay varias formas de mejorar la concentración:

- Establecer objetivos realistas: cuando nos fijamos objetivos realistas y alcanzables, es más probable que nos mantengamos centrados y motivados.

- Elaborar un plan: dividir un objetivo en pasos más pequeños puede ayudarnos a mantener el rumbo y evitar sentirnos abrumados.

- Hacer pausas: hacer pausas nos ayuda a refrescarnos y recargarnos para poder mantener la concentración cuando retomemos una tarea.

- Duerma lo suficiente: El sueño desempeña un papel importante en la concentración, por lo que es importante dormir bien cada noche.

- Ejercicio: Se ha demostrado que el ejercicio mejora la atención y la concentración al aumentar el flujo sanguíneo al cerebro.

Consejos para mantener la concentración.
Márcate objetivos realistas.

Para mejorar la concentración, es importante fijarse objetivos realistas. Intentar concentrarse durante horas y horas puede resultar frustrante y no es sostenible a largo plazo. Empieza fijándote objetivos más pequeños, como concentrarte durante 20 minutos seguidos. A medida que mejora su concentración, puede aumentar gradualmente el tiempo que dedica a concentrarse.

Elabore un plan.

Una vez definido el objetivo, es importante planificar cómo alcanzarlo. Esto puede implicar dividir su objetivo en pasos más pequeños o crear un calendario específico para cuando vaya a centrarse. Tener un plan te ayudará a mantener el rumbo y la motivación.

Tómate descansos.

Es importante hacer pausas mientras intentas concentrarte. Esto no significa abandonar el objetivo, sino hacer pequeñas pausas a lo largo de la sesión para descansar y reponer fuerzas. Tomarse descansos le ayudará a prevenir el agotamiento y a mantener la concentración durante más tiempo.

Duerma lo suficiente.

Una de las cosas más importantes que puedes hacer para concentrarte es dormir lo suficiente cada noche. La falta de sueño puede afectar gravemente a la concentración y dificultar incluso la realización de tareas sencillas. Asegúrate de dormir entre 7 y 8 horas cada noche y evita trabajar o utilizar dispositivos electrónicos en la cama para poder conciliar el sueño más fácilmente.

Ejercicio.

Se ha demostrado que el ejercicio mejora los niveles de atención y concentración tanto en niños como en adultos. Un cuerpo sano conduce a una mente sana, así que asegúrate de incluir la actividad física en tu rutina diaria si quieres aumentar tu poder de concentración.

Los beneficios de la concentración.
Mejora de la productividad.

Cuando eres capaz de concentrarte en una tarea, puedes trabajar de forma más eficiente y hacer más en menos tiempo. Esta mejora de la productividad puede conducir a mejores resultados en el trabajo o en la escuela, y también puede ayudarle a avanzar en proyectos y objetivos que son importantes para usted.

Mayor creatividad.

La concentración y el enfoque también pueden ayudar a estimular la creatividad. Cuando eres capaz de despejar tu mente de distracciones y centrarte realmente en una tarea, las nuevas ideas y soluciones surgen con más facilidad. Si está trabajando en un proyecto creativo, la concentración puede ayudarle a dar vida a su visión con mayor eficacia.

Mejora de la memoria y el recuerdo.

Si quieres recordar algo, es útil centrar toda tu atención en ello mientras lo aprendes o intentas recordarlo. Cuando te concentras plenamente en algo, es más probable que se "fije" en tu memoria que si sólo prestas atención a medias. Esto puede ser útil a la hora de estudiar para exámenes o recordar información importante para el trabajo o uso personal.

Mejora de la concentración

Por último, concentrarse con regularidad puede ayudar mucho a mejorar la capacidad general de concentración y atención cuando es necesario. Como ocurre con cualquier otra habilidad, cuanto más practiques centrar tu atención, más fácil te resultará, lo que significa que al final te resultará más fácil mantener la concentración incluso en situaciones en las que haya muchas distracciones a tu alrededor.

LOS INCONVENIENTES DE LA MULTITAREA

Diminución en la calidad del trabajo.

Cuando intentas realizar varias tareas a la vez, cambias rápidamente tu enfoque de una tarea a otra. Esto puede dar lugar a errores y a una disminución de la calidad general del trabajo. Por ejemplo, si estás intentando redactar un informe mientras respondes a llamadas telefónicas y correos electrónicos, es probable que tu informe no esté tan bien escrito como si le hubieras prestado toda tu atención.

Aumento de los niveles de estrés.

Otra desventaja de la multitarea es que puede aumentar los niveles de estrés. Cuando saltas constantemente de una tarea a otra, tu mente nunca tiene la oportunidad de relajarse y desestresarse. Esto puede provocar agotamiento mental e incluso ansiedad o depresión. Además, los estudios han demostrado que la multitarea puede provocar fatiga física y hacer que te sientas más cansado en general.

Entonces, ¿por qué seguimos haciéndolo? En muchos casos, simplemente porque nos sentimos obligados a hacerlo para seguir siendo productivos. Pero, como hemos visto, esto no es necesariamente cierto. De hecho, la multitarea puede conducir a menudo a una menor productividad y a mayores niveles de estrés.

¿Cómo podemos romper el ciclo?

¿Cómo realizar varias tareas a la vez de forma eficaz?

Priorice sus tareas.

Para realizar varias tareas a la vez con eficacia, hay que saber priorizarlas. Esto significa saber qué tareas son las más importantes y deben hacerse primero, y qué tareas pueden esperar. Una forma de hacerlo es hacer una lista de todas las tareas que tiene que hacer y clasificarlas por orden de importancia. Otra forma de priorizar tus tareas es utilizar la matriz de Eisenhower, que te ayuda a identificar qué tareas son urgentes e importantes y cuáles no.

Haz pequeñas pausas.

Es importante tomarse descansos cuando se realizan varias tareas a la vez, ya que esto puede ayudar a mejorar la concentración y el enfoque. Hacer pequeñas pausas cada 20 minutos aproximadamente puede ayudar a reducir los niveles de estrés y aumentar tu productividad. Durante el descanso, intenta hacer algo que te relaje, como leer un libro o dar un paseo.

Elimine las distracciones.

Eliminar las distracciones es esencial para poder concentrarse cuando se realizan varias tareas a la vez. Esto significa apagar el teléfono, cerrar las pestañas del ordenador que no estén relacionadas con la tarea que se está realizando y, si es posible, buscar un lugar tranquilo para trabajar. Si trabajas desde casa, informa a tu familia de que no estás disponible para distracciones en determinados momentos del día.

¿CÓMO FIJAR OBJETIVOS A CORTO, MEDIO Y LARGO PLAZO?

Establecer y alcanzar objetivos es un elemento crucial del éxito en todos los ámbitos de la vida. Sin embargo, muchas personas luchan por establecer objetivos eficaces que les ayuden a conseguir los resultados deseados. ¿Cómo puede fijar objetivos a corto, medio y largo plazo que le encaminen hacia el éxito? También le daremos algunos consejos sobre cómo alcanzar estos objetivos una vez fijados.

DEFINIR OBJETIVOS A CORTO, MEDIO Y LARGO PLAZO.

¿Por qué es importante fijarse objetivos?

Un objetivo es un resultado deseado que una persona o un sistema planea o pretende alcanzar en un plazo determinado.

Por lo general, los objetivos se clasifican en objetivos a corto, medio y largo plazo, en función del marco temporal asociado a ellos. Los objetivos a corto plazo suelen alcanzarse en menos de 12 meses, los objetivos a medio plazo suelen alcanzarse en 1 a 3 años y los objetivos a largo plazo suelen alcanzarse en 3 años o más.

La importancia de fijar objetivos puede resumirse del siguiente modo:

Los objetivos dan dirección a nuestras vidas: sin objetivos, nuestras vidas pueden carecer de rumbo y ser improductivas. Los objetivos nos dan sentido y nos motivan para seguir trabajando por algo.

Los objetivos nos ayudan a centrar nuestros esfuerzos: tener objetivos concretos nos permite dirigir nuestras energías hacia su consecución. Este enfoque nos permite trabajar más eficazmente para alcanzar nuestros objetivos.

Los objetivos mejoran nuestra toma de decisiones: Una vez que hemos definido claramente nuestros objetivos, podemos tomar mejores decisiones sobre cómo utilizar nuestros recursos (tiempo, dinero, energía) para alcanzarlos. También podemos identificar posibles obstáculos y desarrollar estrategias para superarlos.

Los objetivos aumentan nuestras posibilidades de éxito: los estudios han demostrado que las personas que se fijan objetivos concretos tienen más probabilidades de alcanzarlos que las que no lo hacen. Esto se debe a que las personas que se fijan objetivos comprenden mejor lo que tienen que hacer para alcanzarlos.

¿Cómo fijar objetivos a corto, medio y largo plazo?
Establezca objetivos a corto plazo.

A la hora de fijar objetivos, es importante tener claro lo que se quiere conseguir a corto plazo.

Esto puede abarcar desde la finalización de un proyecto en el trabajo hasta la realización de una tarea en casa. Sea cual sea tu objetivo, es importante fijarte un plazo y ser realista sobre lo que puedes conseguir en el tiempo establecido.

También puede ser útil dividir tu objetivo en pasos más pequeños que puedas dar a lo largo del camino. Esto le ayudará a mantenerse motivado y en el buen camino para alcanzar su objetivo. Por ejemplo, si su objetivo es perder peso, los pasos más pequeños pueden ser hacer ejercicio tres veces por semana y comer alimentos saludables.

Fijación de objetivos a medio plazo.

Los objetivos a medio plazo son los que quiere alcanzar en los próximos meses o años. Puede ser conseguir un ascenso en el trabajo o ahorrar para el pago inicial de una casa.

Al igual que con los objetivos a corto plazo, es importante tener claro lo que se quiere conseguir y fijar un plazo. Sin embargo, como los objetivos a medio plazo suelen ser a más largo plazo que los objetivos a corto plazo, también es importante tener un plan para alcanzarlos. Esto puede implicar crear un presupuesto o invertir en formación o educación.

Fijar objetivos a largo plazo.

Los objetivos a largo plazo son aquellos que quiere alcanzar a lo largo de un periodo de años o incluso décadas. Pueden ser cosas como jubilarse anticipadamente o hacerse lo suficientemente rico como para no tener que preocuparse nunca más por el dinero.

Al igual que con otros tipos de objetivos, es importante tener claro qué se quiere conseguir y por qué se quiere conseguir. Sin embargo, como los objetivos a largo plazo suelen ser mucho más difíciles que los de corto plazo, también es importante tener un plan sólido para alcanzarlos. Esto puede implicar ahorrar dinero cada mes o invertir en acciones o activos específicos.

Sean cuales sean tus objetivos, es importante recordar que fijarlos y alcanzarlos requiere tiempo y esfuerzo. Pero si eres paciente y persistente, acabarás llegando a tu destino.

Conseguir objetivos a corto, medio y largo plazo.
Conseguir objetivos a corto plazo.

Es importante fijar y alcanzar objetivos a corto plazo para no desviarse del camino hacia la consecución de los objetivos a medio y largo plazo. Aquí tienes algunos consejos para fijar y alcanzar tus objetivos a corto plazo:

1. Haz una lista de lo que quieres conseguir. Sea específico y realista a la hora de fijar sus objetivos.
2. Fija un plazo para cada objetivo. Esto le ayudará a mantener el rumbo y la motivación.
3. Cree un plan de acción para cada objetivo. En él debe detallar los

pasos que debe dar para alcanzar su objetivo.

4. Actúa. Este es el paso más importante, porque sin acción tus objetivos seguirán siendo inalcanzables.

5. Evalúe periódicamente sus progresos y ajuste sus planes en consecuencia si es necesario.

6. ¡Celebre sus logros! Alcanzar objetivos, por pequeños que sean, es motivo de orgullo y te mantendrá motivado para seguir trabajando en pos de tus objetivos más ambiciosos.

Alcanzar los objetivos a medio plazo.

Alcanzar sus objetivos a medio plazo suele requerir más esfuerzo que alcanzar los objetivos a corto plazo, pero las recompensas pueden ser mayores. Aquí tienes algunos consejos para fijar y alcanzar tus objetivos a medio plazo:

1. Defina lo que quiere conseguir. Al igual que con los objetivos a corto plazo, es importante ser específico y realista a la hora de fijarlos.

2. Fija un plazo para cada objetivo. Esto le ayudará a mantener el rumbo y la motivación.

3. Cree un plan de acción para cada objetivo. En él debe detallar los pasos que debe dar para alcanzar su objetivo.

4. Actúa. Una vez más, la acción es esencial si quieres alcanzar tus objetivos.

5. Evalúe periódicamente sus progresos y ajuste sus planes en consecuencia si es necesario.

6. ¡Celebre sus logros! Alcanzar objetivos, por pequeños que sean, es motivo de orgullo y te mantendrá motivado para seguir trabajando en pos de tus objetivos más ambiciosos.

Alcanzar objetivos a largo plazo.

Los objetivos a largo plazo suelen ser los que más esfuerzo requieren, pero también los más gratificantes. Aquí tienes algunos consejos para fijar y alcanzar tus objetivos a largo plazo:

1. Defina lo que quiere conseguir. Al igual que con los objetivos a corto y medio plazo, es importante ser específico y realista a la hora de fijarlos.

2. Fija un plazo para cada objetivo. Esto le ayudará a mantener el rumbo y la motivación.

3. Cree un plan de acción para cada objetivo. En él debe detallar los pasos que debe dar para alcanzar su objetivo.

4. Actúa. Una vez más, actuar es esencial para alcanzar tus objetivos.

5. Evalúe periódicamente sus progresos y ajuste sus planes en consecuencia si es necesario.

6. ¡Celebre sus logros! Alcanzar objetivos, por pequeños que sean, es motivo de orgullo y te mantendrá motivado para seguir trabajando en pos de tus objetivos más ambiciosos.

¿CÓMO PUEDE DESCOMPRIMIRSE Y SER MÁS EFICIENTE?

Nodos conocemos la sensación de estrés tras un largo día de trabajo. Llegas a casa agotado y sólo quieres relajarte. Pero a veces puede parecer que hay demasiado que hacer y poco tiempo para hacerlo. Si buscas formas de descomprimirte y ser más eficiente, sigue leyendo.

¿Cómo se relaja después de un largo día de trabajo?
Identifica las causas de tu estrés.

El primer paso para descomprimirse tras un largo día de trabajo es identificar las causas de su estrés. ¿Qué le estresa de su trabajo? ¿Es por la carga de trabajo? ¿La gente con la que trabajas? ¿El entorno en el que trabaja?

Una vez que hayas identificado la fuente o fuentes de tu estrés, puedes empezar a abordarlas.

Tómate tiempo para relajarte.

Después de un largo día de trabajo, es importante tomarse un momento para relajarse. Esto puede significar cosas diferentes para cada persona. Para algunos puede significar darse un baño caliente o leer un buen libro. Para otros, puede significar salir a correr o ver una película. Sea lo que sea lo que te ayude a relajarte, asegúrate de dedicarte tiempo a ti mismo todos los días después del trabajo.

Organice su tiempo y su espacio de trabajo.

Otra forma de descomprimirse tras un largo día de trabajo es organizar el tiempo y el espacio de trabajo. Esto significa ocuparse de todos los detalles del día para poder empezar de nuevo mañana. También significa dedicar unos minutos cada noche a organizar el escritorio y planificar el día siguiente para poder ponerse a trabajar por la mañana. Cuidando estos pequeños detalles, puede ayudar a reducir su nivel general de estrés y hacer que cada día sea un poco más fácil.

Aumente su eficacia en el trabajo.

Haz las cosas primero.

El primer paso para ser más eficiente en el trabajo es hacer primero las cosas. Esto significa quitarse de encima las tareas más importantes a primera hora de la mañana. Esto le ayudará a evitar la procrastinación y a hacer más cosas en menos tiempo.

Aprende a decir "no".

Una de las mejores formas de ser más eficiente en el trabajo es aprender a decir "no". Decir "no" no significa que seas maleducado o poco colaborador, sino que estás priorizando tu tiempo y energía. Si te sientes abrumado por el trabajo, puedes decir "no" a tareas o proyectos adicionales.

Rodéate de gente positiva.

Otra forma de ser más eficaz en el trabajo es rodearse de gente positiva. Las personas positivas son aquellas optimistas, entusiastas y motivadas. Este tipo de personas le ayudarán a mantener la concentración y el rumbo, y también harán que el trabajo resulte más agradable.

¿CÓMO PUEDE ACTUALIZAR SUS OBJETIVOS CON REGULARIDAD?

Setting and achieving goals is a key to success in all areas of life. Tanto si quiere mejorar su salud como sus relaciones o su carrera profesional, fijar objetivos es el primer paso.

Pero una vez fijados los objetivos, es importante revisarlos periódicamente para asegurarse de que siguen siendo pertinentes y alcanzables. Compartiremos algunos consejos sobre cómo actualizar tus objetivos con regularidad.

Es importante que actualice sus objetivos periódicamente para asegurarse de que avanza hacia el resultado deseado. Puede hacerlo de diferentes maneras:

1) Compruebe periódicamente sus progresos personales. Puede ser diario, semanal o mensual, dependiendo de la frecuencia con la que desee revisar sus objetivos. Durante estas comprobaciones, pregúntese cómo está progresando y qué cambios, en su caso, debe realizar.

2) Realiza los ajustes necesarios. A medida que siga trabajando para alcanzar sus objetivos, es posible que descubra que algunas

cosas tienen que cambiar para que pueda alcanzarlos mejor. Tal vez tengas que cambiar de enfoque o fijarte objetivos diferentes (o más específicos). En cualquier caso, no tengas miedo de hacer los ajustes necesarios.

3) Celebra tus logros. Cada vez que alcances un hito, tómate un momento para celebrarlo. Esto no sólo le ayudará a mantenerse motivado, sino que también le dará una sensación de logro y satisfacción.

Es importante que actualices tus objetivos con regularidad, de lo contrario corres el riesgo de estancarte y no conseguir nada.

Aquí tienes algunos consejos sobre cómo hacerlo:

1. Fíjese un calendario para revisar sus objetivos. Ya sea mensual, trimestral o anualmente, anótalo en tu calendario para que no se te olvide.

2. Da un paso atrás y evalúa qué ha cambiado desde la última vez que actualizaste tus objetivos. Puede tratarse de cambios en su vida personal, circunstancias laborales o cualquier otra cosa que pueda afectar a su capacidad para alcanzar sus objetivos.

3. Ajusta tus objetivos en consecuencia. Si algo ha cambiado y hace que uno de tus objetivos anteriores no sea realista, ajústalo para que te siga sirviendo. O, si ha avanzado en un objetivo y quiere fijarse uno nuevo, ¡adelante!

4. Sea específico y realista con sus objetivos. Los objetivos vagos son más difíciles de alcanzar que los específicos y mensurables. Y

aunque es bueno plantearse retos, fijarse metas poco realistas sólo llevará a la decepción.

5 Haz un seguimiento de tus progresos y celebra cada logro que consigas en el camino. Esto le ayudará a mantenerse motivado y en el buen camino para alcanzar su objetivo general.

Es importante que actualices tus objetivos con regularidad, de lo contrario corres el riesgo de alcanzarlos demasiado pronto o de no alcanzarlos en absoluto.

A la hora de actualizar tus objetivos, debes tener en cuenta algunos aspectos clave:

1. Asegúrese de que sus objetivos siguen siendo pertinentes. Si su objetivo era conseguir un ascenso en el trabajo, pero ha cambiado de empleo, ese objetivo ya no es relevante.

2. Comprueba si vas por buen camino para alcanzar tus objetivos. Si está a punto de alcanzar un objetivo, puede que tenga que fijarse otro más difícil.

3. Ajusta tu horario para alcanzar tus objetivos. La vida puede ser impredecible, por lo que es importante ser flexible con los horarios para alcanzar tus objetivos.

4. Tenga expectativas realistas sobre sí mismo y sus objetivos. Es importante fijarse objetivos realistas que realmente pueda alcanzar en el plazo que se ha fijado.

¿CÓMO PODEMOS UTILIZAR EL PODER DEL CEREBRO COLECTIVO PARA SER MÁS CREATIVOS?

Internet nos ha dado acceso a más información que nunca. También ha facilitado la conexión con personas de todo el mundo. Pero, ¿qué significa esto para nuestra creatividad?

En esta entrada del blog exploraremos el poder del cerebro colectivo y cómo puede ayudarnos a ser más creativos. Analizaremos la ciencia que lo sustenta y las ventajas de su uso. También le daremos algunos consejos sobre cómo utilizar la capacidad cerebral colectiva para ser más creativo.

El poder del cerebro colectivo.

La ciencia detrás de este principio.

En los últimos años, cada vez hay más pruebas científicas que sugieren que el cerebro colectivo es más poderoso que el cerebro individual. Por ejemplo, un estudio publicado en la revista Nature descubrió que cuando las personas trabajaban juntas para resolver un problema, tenían más probabilidades de llegar a una solución creativa que cuando trabajaban solas.

Hay varias razones por las que el cerebro colectivo es más poderoso que el cerebro individual. En primer lugar, el cerebro colectivo puede poner en común recursos y conocimientos. Cuando las personas trabajan juntas, pueden compartir información e ideas, lo que puede dar lugar a nuevas ideas y soluciones. En segundo lugar, el cerebro colectivo puede generar nuevas ideas mediante el brainstorming y otros procesos creativos. Cuando las personas trabajan juntas, pueden intercambiar ideas y aprovechar las de los demás para encontrar soluciones nuevas e innovadoras. En tercer lugar, el cerebro colectivo puede autorregularse.

Cuando las personas trabajan juntas, pueden aportar comentarios y críticas constructivas que ayuden a mejorar la calidad de las ideas.

Hay varias formas de utilizar el poder del cerebro colectivo para ser más creativos. Una forma es colaborar con otros en proyectos o problemas. Al trabajar con otros, puedes poner en común recursos y conocimientos, generar nuevas ideas y autorregular tu proceso de pensamiento. Otra forma es unirse o participar en un grupo o comunidad centrados en la creatividad. Estos grupos pueden proporcionarle apoyo y retroalimentación, así como exponerle a nuevas perspectivas y técnicas.

Por último, puedes utilizar la tecnología para conectar con otros y aprovechar el poder del cerebro colectivo. Hay una serie de herramientas y plataformas en línea que permiten colaborar con otras personas en proyectos o problemas (por ejemplo, Google Docs, Skype), compartir ideas y recursos (por ejemplo, las redes sociales) o participar en comunidades en línea centradas en la creatividad (por ejemplo, foros en línea, cursos en línea).

¿Cómo ser más creativo?

La ciencia.

Hay muchas pruebas científicas que sugieren que la mejor manera de ser creativo es trabajar con otros. De hecho, cuando trabajamos con otras personas, podemos intercambiar ideas y aportar otras nuevas y mejores que si trabajáramos solos.

Ventajas

Ser más creativo tiene muchas ventajas: mejora la capacidad para resolver problemas, aumenta la productividad, mejora la comunicación y la moral del equipo.

¿Cómo utilizar el cerebro colectivo?

He aquí algunos consejos sobre cómo utilizar el poder del cerebro colectivo para ser más creativo:

1. Haz una lluvia de ideas con los demás. Cuando realizas una lluvia de ideas con otras personas, se te ocurren muchas más ideas que si lo hicieras solo. Además, al intercambiar ideas, la calidad de éstas suele ser también mejor.

2. Colabora en proyectos. Colaborar en proyectos es una forma estupenda de obtener nuevas perspectivas e ideas. Si te sientes atascado en un proyecto, intenta pedir ayuda a otra persona. Te sorprenderá lo que se les ocurra.

¿Cómo podemos utilizar el poder del cerebro colectivo para ser más creativos?

La ciencia

Existen numerosas pruebas científicas que apoyan la idea de que el cerebro colectivo es más poderoso que el cerebro individual.

Por ejemplo, un estudio realizado por investigadores de la Universidad de Stanford descubrió que cuando las personas trabajan juntas en un problema, tienen más probabilidades de llegar a una solución creativa que cuando trabajan solas en el mismo problema.

Hay varias razones por las que el cerebro colectivo es más poderoso que el cerebro individual. En primer lugar, cuando las personas trabajan juntas, pueden poner en común sus conocimientos y experiencia para aportar ideas que a ninguna de ellas se le habrían ocurrido por sí sola. En segundo lugar, trabajar con otros ayuda a estimular nuevas formas de pensar y puede despertar una creatividad que de otro modo no habría existido. Y en tercer lugar, trabajar juntos proporciona un sistema de apoyo integrado que puede ayudar a garantizar que las ideas creativas se lleven realmente a la práctica y se pongan en práctica.

¿Cómo utilizar el poder del cerebro colectivo para ser más creativo?

Aquí tienes algunos consejos:

1. Busca un grupo de personas con las que intercambiar ideas. A la hora de buscar ideas, puede ser útil hacer una lluvia de ideas con un grupo de personas que tengan diferentes perspectivas y conocimientos. De este modo, podrá obtener una variedad de ideas y puntos de vista sobre el problema que intenta resolver.

2. Utiliza las redes sociales para recopilar ideas. Las plataformas de redes sociales como Twitter y Facebook son lugares estupendos para solicitar ideas a un amplio grupo de personas. Sólo tienes que publicar tu pregunta o reto en uno de estos sitios y ver qué tipo de respuestas obtienes. Te sorprenderá la cantidad de buenas ideas que se te ocurren.

3. Únase a una comunidad en línea dedicada a la creatividad. Hay muchas comunidades en línea dedicadas a ayudar a la gente a ser más creativa en su vida. Estas comunidades ofrecen un lugar estupendo para intercambiar ideas con otras personas, recibir

comentarios y apoyo, y encontrar inspiración cuando más la necesitas.

¿CÓMO AUTOMATIZAR TAREAS PARA AUMENTAR LA EFICACIA?

El mundo empresarial actual, la eficiencia es esencial. Nuestro tiempo y atención son escasos, por lo que es importante encontrar formas de automatizar tareas para aumentar la productividad. Veamos las ventajas de la automatización de tareas para su empresa y algunos consejos sobre cómo sacar el máximo partido de las tareas automatizadas.

Automatice las tareas para aumentar la eficacia.
Definir las tareas que se van a automatizar.

Para determinar qué tareas automatizar, tenga en cuenta tanto la frecuencia con que se realizan como el tiempo que llevan. Por ejemplo, si se encuentra iniciando el mismo software todos los días, es un buen candidato para la automatización.

Por otro lado, si una tarea se realiza sólo ocasionalmente o sólo lleva unos segundos, puede que no merezca la pena automatizarla.

Considere la herramienta o el software para automatizar tareas.

Hay muchos programas de software que pueden automatizar tareas en tu ordenador. Algunas son específicas para determinados tipos de tareas, mientras que otras son más generales. A la hora de elegir una herramienta o programa, tenga en cuenta su funcionalidad, coste y compatibilidad con sus sistemas actuales.

Decida qué procesos automatizar.

Además de tareas individuales, también puede automatizar procesos completos. Esto puede ser especialmente útil si varias personas trabajan en una tarea o si ésta requiere datos de varias fuentes. Por ejemplo, puede crear un proceso automatizado para la incorporación de nuevos empleados que incluya el envío de correos electrónicos, la creación de cuentas de usuario y la asignación de permisos.

¿Cómo puede beneficiar a su empresa la automatización de tareas?

La automatización de tareas puede ahorrar tiempo.

Una de las principales ventajas de la automatización de tareas es que ahorra tiempo. Esto se debe a que, una vez automatizada una tarea, puede realizarse más rápidamente y con menos esfuerzo que si se hiciera manualmente. Por ejemplo, considere una tarea como la introducción de datos. Si esta tarea se realizara manualmente, se tardaría mucho tiempo en introducir todos los datos en el sistema. Sin embargo, si se automatizara la misma tarea, podría completarse en una fracción del tiempo.

La automatización de tareas puede mejorar la precisión.

Otra ventaja de la automatización de tareas es que puede mejorar la precisión. Cuando una tarea está automatizada, hay menos margen de error. Por ejemplo, si se automatiza una tarea como la facturación, se reducen considerablemente las posibilidades de cometer errores. Esto se debe a que el sistema generará automáticamente facturas precisas basadas en la información introducida en él.

La automatización de tareas puede liberar personal para otras tareas.

Otra ventaja de la automatización de tareas es que puede liberar personal para otras tareas. En efecto, cuando se automatiza una tarea, ya no es necesario que alguien la realice manualmente. Esto significa que los empleados que normalmente serían responsables de realizar la tarea pueden ser reasignados a otras tareas o proyectos.

Por ejemplo, si una empresa decide automatizar sus solicitudes de atención al cliente, los representantes del servicio de atención al cliente ya no tendrán que dedicar su tiempo a responder a estas solicitudes. En su lugar, pueden reasignarse a otras tareas, como gestionar las quejas de los clientes o ayudar a los que tienen dificultades para utilizar el producto o servicio de la empresa.

Directrices para la aplicación de una estrategia de automatización.

Defina sus objetivos.

Antes de automatizar tareas, es importante definir sus objetivos. ¿Qué espera conseguir exactamente automatizando tareas? ¿Quiere ahorrar tiempo? ¿Mejorar la precisión? ¿Liberar personal para otras tareas?

Una vez que haya definido sus objetivos, estará en mejores condiciones para crear una estrategia de automatización que le ayude a alcanzarlos.

Evalúe su situación actual.

Una vez definidos sus objetivos, dé un paso atrás y evalúe su situación actual. ¿Qué procesos o tareas le llevan más tiempo actualmente? ¿Hay algún aspecto en el que la precisión sea un problema? Una vez identificados los puntos débiles de su proceso actual, puede centrarse en ellos con su estrategia de automatización.

Desarrolle su estrategia de automatización.

Ahora que sabe cuáles son sus objetivos y qué áreas de su proceso podrían beneficiarse de la automatización, es el momento de desarrollar una estrategia para implantar la automatización. Hay varias maneras de enfocar esto, pero un enfoque común es empezar poco a poco con algunas automatizaciones simples y luego ampliar gradualmente a partir de ahí. Además, es importante implicar a todas las partes interesadas en el desarrollo de su estrategia de automatización para que todos estén de acuerdo con el plan desde el principio.

Consejos para sacar el máximo partido a las tareas automatizadas.

Planifique revisiones periódicas.

Es importante programar comprobaciones periódicas cuando se utilizan tareas automatizadas para aumentar la eficacia.

Esto le ayudará a supervisar el rendimiento y asegurarse de que la automatización funciona según lo previsto. Los controles periódicos también le darán la oportunidad de hacer ajustes si es necesario.

Supervisar el rendimiento.

La supervisión del rendimiento es crucial cuando se utiliza la automatización para aumentar la eficiencia. Deberá realizar un seguimiento de parámetros como la precisión, la velocidad y el rendimiento para asegurarse de que la automatización tiene el efecto deseado. Si ves problemas, prepárate para hacer ajustes.

Prepárate para hacer ajustes.

Aunque todo vaya bien, es importante estar preparado para realizar ajustes en las tareas automatizadas. Esto puede incluir cambiar la frecuencia de las grabaciones o controlar diferentes medidas. La clave es ser flexible y adaptable para poder sacar el máximo partido de su estrategia de automatización.

¿CÓMO DELEGAR TAREAS SENCILLAS O INGRATAS?

En el ajetreado mundo actual, es importante aprender a delegar tareas sencillas o ingratas.

De este modo, liberará tiempo para centrarse en asuntos más importantes. No sólo eso, sino que delegar este tipo de tareas también puede ser beneficioso para la persona en la que se delegan. Pueden adquirir un sentido de propiedad y responsabilidad, y puede ayudarles a desarrollar nuevas habilidades.

Por supuesto, hay ciertas cosas que deben evitarse al delegar tareas sencillas o ingratas. Por ejemplo, no debe delegar sin explicación y seguimiento. Además, en general es mejor evitar delegar este tipo de tareas en varias personas.

Siguiendo estos consejos, puede aprender a delegar eficazmente tareas sencillas o ingratas. Esto le ahorrará tiempo y energía a largo plazo, y también puede ayudar a las personas en las que delega a crecer y desarrollar nuevas habilidades.

Tareas sencillas y poco glamurosas.
¿Qué es una tarea sencilla o ingrata?
Una tarea sencilla o ingrata es aquella que no es compleja y

no requiere mucha reflexión o esfuerzo. Suele ser una tarea rutinaria que no requiere habilidades o conocimientos especiales. Un ejemplo de tarea sencilla sería sacar la basura, mientras que un ejemplo de tarea servil sería limpiar el retrete.

¿Por qué es importante delegarlas?

Es importante delegar tareas sencillas e ingratas por dos razones principales: en primer lugar, porque pueden liberar su tiempo para centrarse en tareas más importantes; y en segundo lugar, porque delegarlas puede ayudar a crear confianza y relaciones dentro de su equipo u organización. Cuando las personas se sienten confiadas y valoradas, es más probable que estén motivadas y comprometidas con su trabajo.

Las ventajas de delegar tareas sencillas o ingratas.

Delegar tareas sencillas o ingratas tiene varias ventajas:

- Te libera tiempo para que puedas centrarte en tareas más importantes.
- Esto ayuda a crear confianza y relaciones dentro de su equipo u organización.
- Esto puede ayudar a motivar y comprometer a los empleados o miembros del equipo.
- Puede mejorar la comunicación y la colaboración dentro de su equipo u organización.

Pasos para delegar tareas sencillas o ingratas.
Identificar las tareas que deben delegarse.

El primer paso para delegar tareas sencillas o ingratas es identificar las tareas que hay que delegar. Para ello, haga una lista de todas las tareas sencillas o ingratas que hay que hacer con regularidad.

Una vez que tenga una lista de tareas, puede priorizarlas según su importancia o urgencia.

Elige en quién delegar la tarea.

El siguiente paso es elegir a la persona que se encargará de llevar a cabo la tarea. A la hora de elegir a una persona, es importante tener en cuenta sus aptitudes, capacidades y disponibilidad. Además, debe asegurarse de que están dispuestos a asumir la responsabilidad y son capaces de hacerlo.

Explica cómo completar la tarea.

Una vez elegida la persona que llevará a cabo la tarea, es importante explicarle cómo debe hacerlo. Esto incluye darles instrucciones claras y toda la información pertinente que necesiten para completar la tarea.

Supervise el progreso de la tarea.

Después de delegar una tarea sencilla o ingrata, es importante hacer un seguimiento y asegurarse de que va según lo previsto. Esto puede hacerse comprobándolo periódicamente o estableciendo un sistema por el que ellos informen de sus progresos. Además, si surge algún problema con la tarea, debe estar disponible para prestar ayuda si es necesario.

Errores que hay que evitar al delegar tareas sencillas o ingratas.

Delegación de tareas simples o ingratas sin explicación.

Al delegar una tarea, es importante dar instrucciones y expectativas claras. Sin una explicación, es posible que la persona en la que delegue la tarea no entienda lo que se espera de ella, o que no tenga los conocimientos necesarios para realizarla. Además, si no das explicaciones adecuadas, la persona en la que delegas la tarea puede sentir que se la trata como si no fuera capaz de realizarla.

Delegación de tareas sencillas o ingratas en varias personas.

Al delegar una tarea, es importante elegir a una persona y ceñirse a ella. Asignar una tarea a más de una persona puede dar lugar a confusión y frustración, y es probable que resulte en una tarea mal ejecutada.

Además, cuando se delega una tarea en varias personas, puede resultar difícil controlar el progreso de la misma y asegurarse de que se realiza correctamente.

Delegación de tareas sencillas o ingratas sin seguimiento.

Al delegar una tarea, es importante hacer un seguimiento con la persona que la realiza. Esto ayudará a garantizar que la tarea se realiza correctamente y a tiempo. Además, el seguimiento le da la oportunidad de dar su opinión y ofrecer ayuda si la necesita.

¿CÓMO PLANIFICAR SUS INVERSIONES PARA OBTENER EL MÁXIMO RENDIMIENTO?

Es importante planificar bien las inversiones para obtener el máximo rendimiento.

Un buen plan de inversión puede ayudarle a sacar el máximo partido a su dinero, mientras que un mal plan de inversión puede dejarle con menos de lo que tenía al principio.

A la hora de planificar sus inversiones, es importante definir primero sus objetivos de inversión. ¿Qué pretende conseguir con sus inversiones? ¿Quiere aumentar su patrimonio, proteger sus ahorros o ambas cosas?

Una vez que sepa cuáles son sus objetivos, podrá examinar las distintas opciones de inversión y seleccionar las que más le convengan.

Una vez creado el plan de inversión, es importante ceñirse a él. La disciplina es esencial a la hora de invertir. También debe revisar periódicamente sus progresos y ajustar su plan si es necesario.

Siguiendo estos pasos, puede maximizar sus posibilidades de éxito en la consecución de sus objetivos financieros.

¿Por qué es importante planificar las inversiones?

Las ventajas de un buen plan de inversión.

Cuando tenga un buen plan de inversión, le resultará más fácil alcanzar sus objetivos financieros. Un buen plan de inversión también puede ayudarle a sacar el máximo partido a su dinero y a proteger sus activos de lo inesperado.

Algunas de las ventajas de contar con un buen plan de inversión son:

- Sus objetivos financieros: Un plan de inversión bien concebido le proporciona una hoja de ruta para alcanzar sus objetivos financieros específicos. Sin un plan, sería más difícil ahorrar lo suficiente para la jubilación o alcanzar otros hitos importantes.

- Saca el máximo partido a tu dinero: con un plan de inversión claro, puedes asegurarte de que tu dinero trabaje duro para ti. De este modo, podrá maximizar sus rendimientos y minimizar sus riesgos.

- Protección frente a acontecimientos inesperados: diversificando sus inversiones y planificando diferentes escenarios, puede minimizar el impacto de acontecimientos negativos en su cartera. De este modo, puede capear las caídas del mercado y alcanzar sus objetivos a largo plazo.

¿Cómo planificar sus inversiones?

Defina sus objetivos de inversión

Para empezar, debe tener una idea clara de sus objetivos de inversión. ¿Quiere aumentar su patrimonio a largo plazo? ¿O intenta generar ingresos con sus inversiones?

Una vez que sepas lo que quieres conseguir, puedes empezar a planificar cómo lograrlo.

Existen dos tipos principales de objetivos de inversión: la revalorización del capital y la generación de rentas.

La revalorización del capital consiste en aumentar el valor de la inversión a lo largo del tiempo. La generación de ingresos se produce cuando se invierte para obtener pagos periódicos, como dividendos o intereses.

Sus objetivos de inversión afectarán al tipo de inversiones que elija y a las estrategias que utilice. Por ejemplo, si su objetivo es la revalorización del capital, puede invertir en acciones que puedan aumentar de valor con el tiempo. Si su objetivo es generar ingresos, puede invertir en bonos que ofrezcan pagos regulares de intereses.

Es importante alinear sus objetivos de inversión con sus objetivos financieros generales. Por ejemplo, si uno de sus objetivos financieros es jubilarse a los 60 años, deberá asegurarse de que su estrategia de inversión es compatible con este plazo.

Investiga distintas opciones de inversión.

Una vez que sepa cuáles son sus objetivos de inversión, es hora de empezar a investigar los distintos tipos de inversión que tiene a su disposición. Hay muchos tipos diferentes de inversiones, por lo que es importante encontrar las que se ajusten a sus objetivos y a su tolerancia al riesgo.

Algunos de los tipos de inversión más comunes son

- Acciones: Las acciones representan la propiedad de una empresa pública y pueden negociarse en una bolsa de valores como la Bolsa de Nueva York (NYSE). Cuando compra acciones, se convierte en accionista de la empresa y tiene derecho a sus activos y beneficios.

- Bonos: Los bonos son préstamos concedidos por inversores a empresas o gobiernos. Cuando compra un bono, presta dinero al emisor y espera que se lo devuelvan con intereses durante un periodo de tiempo.

- Fondos de inversión: Los fondos de inversión reúnen el dinero de muchos inversores y lo utilizan para comprar diversos valores, como acciones, bonos o equivalentes de efectivo.

- Fondos cotizados en bolsa (ETF): Los ETF cotizan en bolsa como las acciones ordinarias, pero siguen un índice subyacente, como el S&P 500.

- Inmobiliaria: La inversión inmobiliaria consiste en comprar una propiedad y cobrar el alquiler a los inquilinos. Puede ser una forma de inversión más práctica que otros tipos, ya que a menudo requiere encontrar y gestionar inquilinos.

Seleccione las mejores opciones de inversión.

Una vez que haya estudiado los distintos tipos de inversiones disponibles, es hora de seleccionar las más adecuadas para usted. Hay muchos factores a tener en cuenta a la hora de tomar esta decisión, como sus objetivos de inversión, su tolerancia al riesgo y su horizonte temporal.

Sus objetivos de inversión le guiarán en la selección de inversiones. Por ejemplo, si su objetivo es la revalorización del capital, puede optar por invertir en acciones o en bienes inmuebles. Si su objetivo es generar ingresos, puede optar por invertir en bonos o acciones que pagan dividendos.

Su tolerancia al riesgo es otro factor importante a tener en cuenta. Algunos inversores están dispuestos a asumir más riesgos en busca de mayores rendimientos, mientras que otros prefieren ir a lo seguro con inversiones de bajo riesgo. Su horizonte temporal también es un factor clave: los inversores a corto plazo tienen necesidades distintas de los inversores a largo plazo.

No existe una combinación "correcta" de inversiones: todo depende de sus objetivos y circunstancias. Sin embargo, los expertos suelen recomendar diversificar la cartera entre varias clases de activos para minimizar el riesgo. Esto significa invertir en una combinación de acciones, bonos y otros activos como bienes inmuebles o equivalentes de efectivo.

Antes de tomar cualquier decisión de inversión, asegúrese de investigar y hablar con un asesor financiero para obtener asesoramiento experto.

Siga su plan de inversión.

Mantén la disciplina en tus inversiones.

Cuando se trata de invertir, la disciplina es la clave. Esto significa atenerse a su plan de inversión incluso cuando las cosas van bien o mal. Puede resultar tentador retirar dinero cuando sus inversiones van bien, pero esto puede poner en peligro sus objetivos a largo plazo. Del mismo modo, puede resultar tentador abandonar el plan de inversión cuando las cosas van mal, pero esto también puede tener consecuencias negativas. En lugar de eso, mantén tu plan y aguanta los altibajos del mercado.

Ajuste su plan de inversión en función de sus progresos.

A medida que ponga en práctica su plan de inversión, deberá comprobar periódicamente sus progresos y realizar los ajustes necesarios. Esto podría implicar reequilibrar su cartera si algunos activos se han vuelto demasiado grandes o demasiado pequeños en relación con otros. También podría significar aumentar o disminuir sus cotizaciones si comprueba que va por delante o por detrás en la consecución de sus objetivos. Si supervisa periódicamente sus progresos y realiza los ajustes necesarios, se asegurará de seguir por el buen camino para alcanzar sus objetivos.

¿CÓMO PLANIFICAR SUS GASTOS?

¿Estás cansado de vivir de cheque en cheque?

¿Siente que no puede ahorrar dinero por mucho que lo intente? Si es así, no se preocupe: no está solo. De hecho, según un estudio reciente, casi el 60% de las personas se encuentran en la misma situación.

La buena noticia es que hay una salida. Si aprendes a planificar tus gastos y a gestionar tu dinero con prudencia, podrás tomar el control de tus finanzas y empezar a labrarte un futuro mejor.

Le mostraremos cómo hacerlo. Te daremos consejos prácticos sobre cómo planificar tus gastos para que puedas ahorrar dinero cada mes. También compartiremos algunas estrategias inteligentes de gestión del dinero que te ayudarán a sacar el máximo partido a tus ingresos. Así que, tanto si quiere salir de deudas como si sólo quiere empezar a ahorrar para un proyecto, siga leyendo para obtener algunos consejos útiles.

Planifica tus gastos.

Tenga en cuenta sus ingresos.

A la hora de planificar sus gastos, lo primero que debe hacer es tener en cuenta sús ingresos. ¿Cuánto dinero recibe al mes? Esto te dará un buen punto de partida para saber cuánto puedes gastarte.

Si tus ingresos son variables o si tienes gastos imprevistos, puede ser útil crear una reserva en tu presupuesto. Se trata de una cantidad de dinero que se reserva cada mes para cubrir gastos imprevistos. De este modo, si ocurre algo, no tendrás que desbaratar por completo tu presupuesto.

Determina tus prioridades.

El siguiente paso es determinar sus prioridades. ¿Cuáles son las cosas más importantes para usted? Haz una lista de estos elementos y clasifícalos por orden de importancia. Esto te ayudará a decidir a qué destinar tu dinero cada mes.

A algunas personas les gusta dividir sus gastos en categorías, como alimentación, vivienda, transporte, etc. A otras les gusta simplificar las cosas y centrarse únicamente en su límite de gasto mensual global. Otros prefieren simplificar las cosas y centrarse únicamente en su límite de gasto mensual global. Sea cual sea el enfoque que adopte, asegúrese de tener claras sus prioridades.

Controla tus progresos.

Una vez establecido el plan, es importante controlar los progresos. Esto le ayudará a mantener el rumbo y a realizar los ajustes necesarios. Hay muchas formas de hacerlo, pero una muy sencilla es utilizar una hoja de cálculo o un programa de presupuestación para controlar los ingresos y gastos de cada mes. Esto le dará una idea clara de adónde va su dinero y de si está cumpliendo o no su plan.

Si se da cuenta de que gasta sistemáticamente más de lo previsto o de que sus gastos empiezan a mermar sus ahorros, ha llegado el momento de hacer algunos cambios. Vuelve a tu presupuesto y mira dónde puedes recortar. Puede que no sea fácil, pero es importante ser proactivo en la gestión de tu dinero.

Gestiona tu dinero.

Disponga de un presupuesto.

El primer paso para gestionar tu dinero es tener un presupuesto. Un presupuesto es un plan que establece cómo gastará su dinero durante un periodo de tiempo. Te ayuda a controlar tus gastos, ver adónde va tu dinero y hacer cambios si es necesario. Hay muchas formas de hacer un presupuesto, pero lo más importante es encontrar una que funcione para ti.

Invierte tu dinero.

Invertir su dinero es una buena forma de aumentar su patrimonio con el tiempo. Cuando inviertes, pones tu dinero en algo con la esperanza de obtener más dinero en el futuro. Esto puede hacerse comprando acciones de una empresa, invirtiendo en propiedades o incluso ahorrando dinero en un fondo de pensiones. La clave está en encontrar una inversión que se adapte a sus necesidades y a su apetito por el riesgo.

Ahorrar para el futuro.

Ahorrar para el futuro es importante para la seguridad financiera y la tranquilidad. Hay muchas formas de ahorrar, como apartar dinero cada mes en una cuenta de ahorros, invertir en acciones o comprar una propiedad. La clave está en encontrar un método que se adapte a tu estilo de vida y empezar poco a poco para que se convierta en parte de tu rutina habitual.

NO ARRIESGUE SU DINERO: CÓMO SER UN INVERSOR INTELIGENTE

¿Quiere invertir su dinero pero no sabes por dónde empezar? ¿O quizás ya está invirtiendo pero quiere asegurarse de que lo hace de la forma correcta?

Veamos cómo ser un inversor inteligente. Hablaremos de lo que necesita saber para tomar decisiones de inversión inteligentes y compartiremos algunas de las estrategias de inversión más inteligentes que existen. Al final, tendrás todo lo que necesitas para iniciar tu viaje y convertirte en un inversor inteligente.

No arriesgue su dinero: cómo ser un inversor inteligente

La mayoría de la gente no dispone de los recursos necesarios para convertirse en inversores inteligentes.

La inmensa mayoría de la gente no dispone del tiempo, la energía o los recursos necesarios para convertirse en inversores verdaderamente informados. El ciudadano medio simplemente no tiene la capacidad de seguir toda la información relevante y tomar decisiones informadas de forma coherente. Por eso es mejor dejar las decisiones de inversión en manos de profesionales.

La mejor manera de invertir es centrarse en activos de calidad.

La mejor manera de invertir su dinero es centrarse en activos de calidad que tengan un historial de revalorización. Estos activos pueden ser acciones, bonos, bienes inmuebles u otras inversiones con un historial demostrado de revalorización a lo largo del tiempo. Al invertir en activos de calidad, puede minimizar su riesgo y maximizar su potencial de crecimiento a largo plazo.

Lo que hay que saber para ser un inversor inteligente.

Aprende a invertir con prudencia.

Para ser un inversor inteligente, es necesario tener una sólida comprensión de los fundamentos y principios de la inversión. Cuando se trata de invertir el dinero que tanto le ha costado ganar, no puede limitarse a "adivinar": ¡tiene que saber lo que hace!

Hay algunas cosas clave que todo inversor prudente debe saber:

1) La diferencia entre acciones, bonos y fondos de inversión. Las acciones representan la propiedad de una empresa, los bonos son préstamos que deben devolverse con intereses y los fondos de inversión son cestas de diferentes inversiones (normalmente acciones y/o bonos) gestionadas profesionalmente. Cada uno tiene sus propios riesgos y recompensas, por lo que es importante comprender los aspectos básicos antes de invertir dinero.

2) La importancia de la asignación de activos. Es el proceso de dividir su dinero entre distintos tipos de inversiones para minimizar el riesgo. Por ejemplo, en lugar de invertir todo su dinero en una sola acción, puede invertir en varias acciones diferentes o invertir en una combinación de acciones y bonos. Diversificar su cartera es una de las cosas más inteligentes que puede hacer como inversor.

3) El concepto de riesgo frente a recompensa. Cuando se hace cualquier tipo de inversión, se asume un cierto riesgo. Pero las posibles recompensas siempre deben compensar los riesgos. Antes de realizar una inversión, asegúrese de investigar y comprender los riesgos que conlleva para poder tomar una decisión informada sobre si es o no adecuada para usted.

Las estrategias de inversión más inteligentes.

Invierta en activos infravalorados.

A la hora de invertir, una de las cosas más inteligentes que puede hacer es buscar activos infravalorados. Por definición, un activo infravalorado es algo que vale más de lo que el mercado dice que vale. Puede ser cualquier cosa, desde una propiedad a una acción o incluso una empresa.

Hay varias formas de determinar si un activo está infravalorado o no. Una forma es observar la relación precio/beneficios, o relación PER. Mide cuánto están dispuestos a pagar los inversores por cada euro de beneficios de una empresa. Un PER bajo significa que la acción está infravalorada.

Otra forma de encontrar activos infravalorados es buscar empresas que coticen por debajo de su valor contable. El valor contable es la cantidad de dinero que quedaría si una empresa vendiera todos sus activos y saldara todas sus deudas. Si el precio de las acciones de una empresa es inferior a su valor contable, puede tratarse de un activo infravalorado.

Por supuesto, no hay garantías de inversión. Pero si investiga y busca activos infravalorados, tendrá más posibilidades de tomar decisiones de inversión acertadas y obtener buenos rendimientos de su inversión.

¿CÓMO EVITAR GASTAR DINERO EN OCIOSIDAD?

¿Cuántas veces te has encontrado gastando dinero en algo que realmente no necesitas sólo porque estás aburrido? Si usted es como la mayoría de la gente, la respuesta es probablemente "más veces de las que me gustaría admitir".

La ociosidad puede ser peligrosa para nuestras finanzas. Cuando estamos aburridos, solemos recurrir a las compras para pasar el rato y sentirnos mejor. Pero con demasiada frecuencia esto acaba siendo un error costoso del que nos arrepentimos más tarde.

Entonces, ¿cómo evitar caer en la trampa de gastar el dinero en ociosidad?

Analizaremos algunas de las principales causas del gasto ocioso y ofreceremos algunos consejos prácticos para evitarlas.

¿Por qué gastamos el dinero en ociosidad?
Las principales causas del gasto de dinero por ociosidad.

A menudo nos encontramos gastando dinero incluso cuando realmente no lo necesitamos. Suele ser porque nos aburrimos o porque queremos procrastinar y evitar hacer algo más productivo.

A veces también podemos gastar dinero por costumbre, sin ni siquiera pensar en ello. Sea cual sea el motivo, gastar dinero cuando no estamos consiguiendo nada puede ser un enorme despilfarro.

Hay varias razones por las que la gente puede acabar gastando dinero por aburrimiento o curiosidad. En algunos casos, la gente simplemente no tiene otra cosa que hacer con su tiempo o su dinero. Puede que estén en paro o que acaben de terminar un proyecto y aún no hayan empezado el siguiente. En otros casos, la gente puede estar intentando evitar hacer algo que no quiere hacer. Por ejemplo, pueden pasarse horas navegando por tiendas online en lugar de empezar ese difícil informe de trabajo. Sea cual sea el motivo, si no tenemos cuidado, gastar dinero puede convertirse en una forma de postergar las cosas y evitar afrontar los retos de la vida.

Las consecuencias de gastar el dinero ociosamente.

Por supuesto, gastar dinero innecesariamente tiene consecuencias. Quizá la consecuencia más obvia es que puede acarrear deudas y problemas financieros más adelante. Si compras constantemente cosas que no necesitas, acumularás rápidamente deudas en la tarjeta de crédito que te resultarán difíciles de saldar. Además, el gasto frívolo también puede provocar sentimientos de culpa y vergüenza. Al fin y al cabo, si sabes que podrías emplear mejor el dinero que tanto te cuesta ganar, es normal que te sientas culpable por malgastarlo en cosas innecesarias.

En algunos casos, el despilfarro también puede convertirse en un comportamiento adictivo. Al igual que el juego o comer en exceso, algunas personas desarrollan hábitos de compra compulsiva difíciles de controlar.

Estos comportamientos pueden arruinar las relaciones y la carrera profesional y acarrear graves problemas económicos. Así que si sueles hacer compras impulsivas o gastas demasiado en cosas innecesarias, es importante que busques ayuda antes de que el problema se te vaya de las manos.

Sea cual sea el motivo de su gasto innecesario, es importante ser consciente de las posibles consecuencias. Si no se tiene cuidado, gastar dinero puede llevar al endeudamiento, al sentimiento de culpa e incluso a la adicción. Por eso, si quieres evitar estos problemas, es importante que encuentres formas de limitar tus gastos.

¿Cómo evitar gastar dinero en ociosidad?

Las formas más comunes de gastar el dinero en ociosidad.

La forma más habitual en que la gente gasta el dinero en ociosidad es comprando cosas que no necesita. Puede tratarse de cualquier cosa, desde ropa hasta aparatos o comida. A menudo estas compras se hacen por impulso y sin tener en cuenta si son realmente necesarias o no. Como resultado, la gente puede acabar gastando mucho dinero en cosas que nunca usará o que no tienen ninguna utilidad en su vida.

Otra forma de derrochar el dinero es pagar por servicios que no se utilizan. Por ejemplo, mucha gente paga para apuntarse a un gimnasio pero nunca va. O puede que se suscriban a un servicio pero nunca lo utilicen. En ambos casos, la persona está malgastando dinero en algo que no utiliza y que probablemente nunca utilizará en el futuro.

Las mejores formas de evitar gastar dinero en ociosidad.

Una de las mejores formas de evitar el despilfarro de dinero es simplemente ser consciente de tus hábitos de gasto. Preste atención a lo que compra y por qué lo compra. Si te encuentras haciendo compras impulsivas o comprando cosas que no necesitas, intenta parar y preguntarte si la compra es realmente necesaria o no.

Otra buena forma de evitar el despilfarro es fijar un presupuesto y ceñirse a él. Cuando sabes cuánto dinero tienes que gastar cada mes, es menos probable que lo malgastes en cosas innecesarias. En su lugar, puede centrar sus gastos en lo esencial y ahorrar dinero para cosas más importantes, como facturas, ahorros e inversiones.

¿CÓMO DETERMINAN SU FUTURO SUS ACCIONES ACTUALES?

Como tus acciones actuales moldean tu futur.

Las decisiones que tomemos y las acciones que emprendamos hoy determinarán el tipo de futuro que tendremos mañana. Nuestros hábitos determinan en quiénes nos convertimos y nuestros pensamientos determinan nuestras experiencias. Controlamos nuestra vida y podemos cambiarla en cualquier momento. Somos responsables de nuestra propia felicidad.

Tus acciones actuales determinan tu futuro.

Tus hábitos determinan en quién te conviertes.

Tus acciones y hábitos actuales conforman en quién te conviertes como persona. Por ejemplo, si tienes el hábito de estudiar mucho, te convertirás en una persona culta. Si tienes el hábito de ser perezoso, te convertirás en una persona perezosa. Tus acciones presentes determinan tu futuro porque conforman tu carácter y tus hábitos.

Eres el producto de tus decisiones .

Tus decisiones determinan tu futuro porque dan forma a tus experiencias vitales. Por ejemplo, si decides ir a la universidad, tendrás experiencias diferentes que si hubieras decidido no ir a la universidad. Tus decisiones también afectan a tus relaciones con los demás. Si decides ser sincero con la gente, desarrollarás la confianza y el respeto de los demás. Sin embargo, si decides mentir o engañar a los demás, dañarás esas relaciones.

Tú creas tu propia realidad.

Tus pensamientos determinan tus experiencias.

Tus pensamientos, creencias y emociones crean tu realidad. Lo que piensas crece. Si te centras en la carencia, experimentarás más carencia. Si te centras en la abundancia, experimentarás más abundancia. Atraes lo que vibras. Lo semejante atrae lo semejante.

Aquello en lo que te concentras crece.

Obtienes aquello en lo que te centras, ya sea positivo o negativo, así que es importante ser consciente de lo que piensas y hacia dónde se dirige tu enfoque, porque eso es lo que seguirá apareciendo en tus experiencias vitales.

Tú tienes el control de tu vida.

Puedes cambiar de vida en cualquier momento.

Tienes el poder de cambiar tu vida en cualquier momento. No eres una víctima de tu situación. Puedes elegir cambiar tus pensamientos, tus emociones y tu comportamiento. Puedes elegir vivir de otra manera. Puedes elegir ser feliz.

Tú eres responsable de tu propia felicidad.

Tu felicidad depende de ti. Nadie más puede hacerte feliz. Eres responsable de tus propios pensamientos, sentimientos y acciones. Si quieres ser feliz, debes elegir serlo.

CONSEJOS PARA CREAR UNA VIDA MÁS FELIZ MEDIANTE LA ORGANIZACIÓN Y LA PLANIFICACIÓN

La organización y la planificación son dos claves importantes para vivir una vida feliz. Muchas personas pasan por alto la importancia de organizarse y viven de forma caótica.

Esto puede llevar a sentirse abrumado, estresado e infeliz. Sin embargo, si se toma el tiempo necesario para organizarse y planificar mejor, puede mejorar enormemente su felicidad general.

Organizarse y planificar tiene muchas ventajas. Por un lado, puede ayudar a reducir los niveles de estrés. Cuando sepas lo que hay que hacer y cuándo hay que hacerlo, no tendrás que perder el tiempo preocupándote por ello. Además, ser organizado también puede ayudar a aumentar los niveles de productividad.

Si dispone de un plan, es más probable que haga las cosas a tiempo. Por último, la organización y la planificación también pueden mejorar la toma de decisiones. Cuando comprenda claramente sus metas y objetivos, estará mejor preparado para tomar decisiones que le ayuden a alcanzarlos.

Si buscas formas de crear una vida más feliz mediante la

organización y la planificación, aquí tienes algunos consejos:

1) Establezca objetivos realistas: Uno de los aspectos más importantes de la organización es fijarse objetivos. Sin objetivos, es difícil medir el éxito o determinar los pasos siguientes. Cuando establezca objetivos, asegúrese de que son realistas y alcanzables. Intentar hacer demasiadas cosas a la vez es abrumador y sólo conducirá a la frustración.

2) Elabore un plan: Una vez que haya definido sus objetivos

¿Por qué es importante organizarse y planificar bien?
Lo que la organización y la planificación pueden hacer por tu vida.

La organización y la planificación son claves importantes para una vida más feliz. Si te organizas, podrás controlar lo que es importante para ti y gestionar mejor tu tiempo. Planificar con antelación puede ayudarle a evitar situaciones estresantes y a tomar mejores decisiones.

La organización y la planificación pueden ayudarle en muchos aspectos de su vida, como el trabajo, los estudios y las relaciones personales.

En el trabajo, ser organizado puede ayudarte a cumplir los plazos, mantenerte al día en los proyectos e impresionar a tu jefe.

En la escuela, ser organizado puede ayudarte a llevar al día los deberes, estudiar para los exámenes y sacar mejores notas.

En su vida personal, ser organizado puede ayudarle a gestionar sus finanzas, mantenerse sano y en forma y pasar más tiempo con sus seres queridos.

Organizarse y planificar bien tiene muchas ventajas. Si dedica tiempo a organizar su vida, podrá reducir los niveles de estrés, mejorar la productividad, tomar mejores decisiones y llevar una vida más feliz.

¿Cómo organizarse y planificar mejor?

Pasos a seguir para una mejor organización y planificación.

Para ser más organizado y planificar mejor, hay que dar pasos concretos. Aquí tienes algunos consejos:

1. Establezca objetivos realistas. No intentes hacer demasiadas cosas a la vez o te sentirás abrumado. Fíjese objetivos pequeños y alcanzables en los que pueda ir trabajando poco a poco.

2. Fija un horario y cúmplelo. Tener un horario fijo te ayudará a mantener el rumbo y evitar que otras cosas te distraigan.

3. Deshazte de las distracciones. Esto significa tanto distracciones físicas (desorden) como mentales (preocuparse por cosas que no puedes controlar).

4. Simplifica tu vida. Cuanto menos se complique la vida, más fácil le resultará organizarse y mantener el rumbo. Intente racionalizar sus tareas y obligaciones para tener más tiempo para lo que más le importa.

5. Sé positivo. Cree en ti mismo y en tu capacidad para alcanzar tus objetivos. Esta actitud positiva te ayudará a mantenerte motivado

y centrado en lo importante.

Los beneficios de la organización y la planificación para una vida más feliz.

Por qué la organización y la planificación pueden hacer su vida más feliz.

La organización y la planificación pueden ayudarle a reducir el estrés y aumentar su productividad.

Cuando estás mejor organizado, puedes centrarte en lo importante y dejar atrás las cosas que no te sirven. Esto puede llevar a una sensación de calma y paz en tu vida. Además, planificarse mejor permite fijarse objetivos y alcanzarlos, lo que puede dar sensación de logro y satisfacción.

CONCLUSIÓN

Si buscas consejos para crear una vida más feliz, la organización y la planificación son esenciales. Ser organizado y estar bien planificado puede ayudarte a conseguir tus objetivos, grandes y pequeños. También puede hacer que el día a día sea más fluido, dándole más tiempo y energía para centrarse en las cosas que más le importan.

Hay algunos pasos sencillos que puede dar para empezar. En primer lugar, tómate tu tiempo para ordenar y simplificar tu espacio. Esto le ayudará a sentirse menos abrumado y con más control. A continuación, establece un sistema que te funcione, ya sea una agenda física o digital. Por último, apégate a tu sistema en la medida de lo posible: requiere práctica, pero merece la pena.

Los beneficios de la organización y la planificación son muchos. Alcanzar tus objetivos será más fácil y menos estresante. Tendrás más tiempo para las cosas que te gustan y tu felicidad general aumentará. ¿Por qué no intentarlo?

Te sorprenderá la diferencia que supone en tu vida.

Empieza ahora...